NOTES HISTORIQUES

SUR

SAINT-GEORGES-SUR-CHER

PAR

CÉLESTIN BRETHON

MEMBRE DU CLUB ALPIN FRANÇAIS
DE LA SOCIÉTÉ DE GÉOGRAPHIE DE TOURS
ET MEMBRE CORRESPONDANT
DE LA SOCIÉTÉ ARCHÉOLOGIQUE DE TOURAINE

> L'histoire de la contrée, de la province, de la ville natale, est la seule où notre âme s'attache par un intérêt patriotique; les autres peuvent nous sembler curieuses, instructives, dignes d'admiration; mais elles ne touchent point de cette manière.
>
> (AUGUST. THIERRY, *Lettres sur l'hist. de France.*)

TOURS

IMPRIMERIE E. ARRAULT ET Cⁱᵉ

6, RUE DE LA PRÉFECTURE, 6

—

1884

NOTES HISTORIQUES

sur

SAINT-GEORGES-SUR-CHER

Il a été tiré de cet ouvrage :

200 exemplaires sur vélin ;
10 — sur hollande.

NOTES HISTORIQUES

SUR

SAINT-GEORGES-SUR-CHER

PAR

Célestin BRETHON

MEMBRE DU CLUB ALPIN FRANÇAIS
DE LA SOCIÉTÉ DE GÉOGRAPHIE DE TOURS
ET MEMBRE CORRESPONDANT
DE LA SOCIÉTÉ ARCHÉOLOGIQUE DE TOURAINE

L'histoire de la contrée, de la province, de la ville natale, est la seule où notre âme s'attache par un intérêt patriotique; les autres peuvent nous sembler curieuses, instructives, dignes d'admiration; mais elles ne touchent point de cette manière.

(August. Thierry, *Lettres sur l'hist. de France.*)

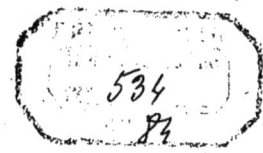

TOURS

IMPRIMERIE E. ARRAULT ET Cie

6, RUE DE LA PRÉFECTURE, 6

1884

AVERTISSEMENT

Quand je commençai à recueillir ces notes sur Saint-Georges, mon but n'était point d'en faire une notice ; je n'avais d'ailleurs aucun plan d'ensemble tracé d'avance ; je ne voulais que les classer méthodiquement à mesure que j'aurais la bonne fortune d'en trouver quelques-unes pour en faire un petit recueil que je ne comptais pas terminer, n'y consacrant d'ailleurs que de rares instants.

Je commence par indiquer les sources historiques où j'ai puisé le plus de documents. En première ligne est l'*Histoire de Chenonceau* de M. C. Chevalier ; j'en ai tiré la plus grande partie de l'histoire des fiefs de Gratteloup, Cornillau, les Roches, Vrigny, les Coudrais et la Grange-Rouge ; en somme, ce sont avec le suivant, les deux ouvrages qui m'ont fourni le plus de documents historiques sur notre commune. Le *Dictionnaire géographique et historique de Touraine*, par M. Carré de Busserolles, précieux recueil, qui avec les notes intéressantes que j'en ai tirées, m'a permis de contrôler beaucoup de dates qui ne me paraissaient pas exactes. Viennent ensuite les *Archives royales de Chenonceau*, publiées par M. C. Chevalier et les *Mémoires de la Société archéologique de Touraine*. J'ai aussi compilé les *Tablettes chronologiques sur Saint-Georges*, de M. Mahiet de la Chesneraye. Malheureusement ce petit manuscrit, fruit de patientes recherches, renfermait trop d'erreurs et de dates fausses. Je me suis vu obligé d'en contrôler

toutes les notes ; il m'a cependant été d'un grand secours.
Les anciens *Registres paroissiaux* de Saint Georges ont
été compulsés par moi avec soin ; ils m'ont permis de
rectifier plusieurs dates des *Tablettes* de M. Mahiet, et
m'ont fourni en outre de curieux renseignements. Le
petit *Chartrier* des Coudrais et une foule d'anciens actes
notariés ont aussi fourni leur part de notes. Il faut ajouter
à cela un grand nombre de vieux papiers épars dont
l'énumération n'est pas possible ici.

J'ai eu soin de ne faire entrer dans ce recueil que des
notes purement historiques, éliminant toutes les vieilles
traditions auxquelles on ne peut généralement accorder
qu'un crédit limité, en tant que valeur historique.

Tout en appliquant à ce recueil un classement chronologique, j'ai fait un chapitre à part pour l'histoire de
chaque fief de l'ancienne paroisse de Saint-Georges ; cette
partie étant d'ailleurs celle qui comprend le plus grand
nombre de documents historiques, et dont la plupart sont
complètement inédits. J'ai conservé pour certains noms de
lieux, l'orthographe primitive ; il ne faudra donc pas
s'étonner si quelque fois elle est en contradiction avec
l'orthographe usuelle.

Il y a encore beaucoup à ajouter pour faire de cet
assemblage de notes une *Notice* ; mais les loisirs me
manquant, c'est pourquoi je me suis décidé à publier ce
que j'avais recueilli, avec l'idée bien arrêtée de n'en pas
mettre un seul exemplaire dans le commerce.

J'ose espérer que ces notes sont assez curieuses pour
êtres lues avec quelque intérêt et je réclame d'avance
l'indulgence du lecteur.

Célestin BRETHON.

Le Mesnil, Saint-Georges-sur-Cher, juillet 1881.

NOTES HISTORIQUES

SUR

SAINT-GEORGES-SUR-CHER

I

Temps préhistoriques. — Période celtique. — Epoque Gallo-romaine

Il y a cinq ou six mille ans, les plateaux du centre de la Gaule étaient couverts d'immenses forêts de châtaigniers et de chênes ; l'homme y était déjà venu depuis longtemps, et les grottes de nos collines lui servaient d'abri ; ses armes et ses outils étaient des silex taillés. C'est l'âge de la pierre [1].

Des haches et des couteaux en silex taillé, trouvés aux Roches et dans les environs de la Chaise et du bourg, marquent cette époque à Saint-Georges.

A une époque inconnue, les Celtes ou Gaulois [2], chefs de notre race, partirent de la haute Asie, prirent à l'est et, traversant les grands bois dont l'Europe était alors

---

1. V. Duruy, *Hist. des Rom.*, t. iv, *La Gaule avant la conquête romaine*.
2. *Quæ ipsorum linguæ Celtæ, nostra Galli appellantur.* (César, *De bello Gallico* I, 1.)

couverte, arrivèrent dans nos pays, amenant avec eux le bœuf, le cheval, le chien, le porc, le mouton, la chèvre et le coq.

Les Celtes formèrent le second banc de la population et le second âge de l'histoire, celui de la pierre polie.

De cette époque datent les dolmens, les menhirs, monuments funéraires, religieux et même historiques; car, s'ils servirent, suivant certains, d'autels aux druides, ils furent aussi bien souvent érigés en souvenir, soit d'une victoire, d'un traité ou d'un fait solennel quelconque.

On retrouve à Saint-Georges des traces de cette période de l'histoire. Des haches en silex poli ont été trouvées en plusieurs endroits, notamment aux Roches et à la Vallée-Pitrou.

Un dolmen [1], que les temps ont laissé debout, existe encore à Saint-Georges. Il se trouve sur les bords du Cher, près du chemin qui conduit du bourg à la rivière et s'appelle aujourd'hui le Gros-Caillou. Un autre se voyait aussi, il y a une trentaine d'années, entre la route et le Cher, à un kilomètre en aval de l'Audronnière. Le dolmen du Gros-Caillou, autrefois supporté par deux pierres verticales, ne s'appuie plus maintenant que sur celle du nord ; il a 3 mètres de longueur, 2 mètres 60 de largeur sur une épaisseur moyenne de 80 centimètres.

Il existe encore aujourd'hui des cavernes que M. C. Chevalier a reconnues pour des grottes celtiques, mais dont l'origine, suivant d'autres, est probablement bien antérieure à l'érection des deux dolmens dont je viens de parler. Une de ces cavernes, au centre du village de Vrigny, la plus curieuse, dit-on, est aujourd'hui obstruée.

---

1. Du gaëlique, *dol*, table et *menn* pierre ; table de pierre.

Dans le bourg de Saint-Georges, à cinquante mètres du mail, il avait été découvert, vers 1860, une grotte qui remontait probablement à cette époque ; comme elle a été agrandie depuis, il est maintenant impossible de lui assigner une date quelconque.

Après un long espace de temps arriva dans nos contrées le gros des tribus gauloises [1], apparentées aux Celtes, mais parties beaucoup plus tard de l'Asie et apportant une culture plus avancée ; le froment, le seigle, l'orge et le millet étaient cultivés par eux, et la vigne existait déjà en Gaule, mais à l'état sauvage.

Poursuivant leur route vers l'Ouest, les Gaulois refoulèrent les Celtes devant eux et en arrivant dans le pays qui allait garder leur nom, trouvèrent des peuplades indigènes qu'ils exterminèrent, et se maintinrent dans le centre de la Gaule [2].

Chaque tribu ou réunion de famille formait un clan, dont les habitants étaient gouvernés par les plus anciens de la tribu. Vrigny semble avoir été le village le plus considérable du clan qui comprenait notre localité : il était, du reste, dans une situation exceptionnelle.

Quand Jules César vint en Gaule, les habitants de nos contrées avaient beaucoup perfectionné leur industrie, car ils se servaient d'armes et d'outils de bronze. Plusieurs spécimens ont été trouvés aux environs de Saint-Georges.

---

1. Dans leur langue, *Gadhel* et par contraction *Gael* ou *Gâl*, Gaulois.
2. Ces peuples qui furent appelés Aquitains en Gaule, se nommaient eux-mêmes *Eskaldunac* : des savants ont prétendu que les Basques en seraient les derniers survivants. Après de longs combats, les Eskaldunac furent chassés des bords de la Loire, et se virent même obligés de repasser la Garonne ; mais, adossés aux Pyrénées, ils firent une résistance dont les envahisseurs ne parvinrent pas à triompher.

Notre territoire faisait alors partie de la confédération des *Turones*.

Lorsque César, après s'être emparé de Bourges, marcha sur le pays des *Turones*, il plaça sur les rives du Cher, à mesure qu'il avançait, de nombreux détachements militaires, pour tenir en respect les populations conquises.

Il semble que Vrigny était alors le village le plus important des alentours. César s'en empara et y établit un poste militaire retranché [1] défendant la petite colline qui domine le village. Le lieu était très bien choisi, car de là il pouvait correspondre par signaux avec le poste situé entre Chissé et Chisseaux *(Cisomagus)*, avec Epeigné *(Spaniacum)* et avec Civray *(Severiacum*, 57 av. J.-C.).

Quand l'empereur Auguste divisa la Gaule en quatre provinces (28 av. J.-C.), la Cité des *Turones* fit partie de la Lyonnaise sous le nom de *Cæsarodunum*.

Il fit ensuite faire ces indestructibles chaussées, dont nous admirons encore les restes épars, sur lesquelles il disposa, outre les lieux d'étapes *(mansiones)*, qu'avait établis César, de petits postes *(mansioniles)*.

Vrigny se trouvait sur la route qui suivait la rive gauche du Cher, depuis la station importante de Thézée [2] jusqu'à Tours. Cette voie, en partant de Thézée, traversait le Cher sur un pont jeté à cet endroit, et de là suivait la rivière, à peu de distance, passant par les hameaux situés à mi-coteau, touchant Saint-Georges, Francueil, Bléré, Athée, Véretz et Larçay ; à Saint-Avertin, elle se réunissait à la voie de Loches. Les vestiges de cette

---

1. Suivant les tablettes de Mahiet de la Chesneraye.
2. La *mansio* de Thézée est relatée sur la carte de l'empire romain de Peutinger sous le nom de *Tasciaca*. C'est, dans la contrée, le monument le plus important et le mieux conservé de cette époque.

route romaine dans notre commune sont nombreux ; d'abord au carroir de Saint-Aignan, près l'Audronnière, on a trouvé le pavage presque intact de la chaussée, en construisant la route actuelle. Le chemin qui, partant des Rimbaudières, passe au midi du cimetière, à la Chesneraye, aux Roches et aboutit dans le village de Vrigny [1], est à peu près sur l'emplacement de la voie antique. A deux ou trois cent mètres des Rimbaudières, on voit encore quelques pierres du pavage dans leur position primitive, et une grande partie sont relevées le long des vignes, soit pour servir de bornes, soit pour préserver les empiétements sur le chemin par les propriétaires riverains. La chaussée avait environ quatre mètres de largeur et les trottoirs deux mètres. Sous le pavage de la chaussée, dont les dalles étaient moins larges que celles des trottoirs, il avait été disposé un lit de moellons de 40 centimètres d'épaisseur environ, pour éviter le tassement des terres.

On a retrouvé sur le ruisseau de Francueil la culée d'un ponceau dont la construction se rattache au tracé de la voie romaine.

Les Romains avaient sur leurs routes militaires, ainsi que nous, des bornes indicatrices donnant la distance entre la station du départ et celle d'arrivée.

Plusieurs maisons du village de Vrigny sont bâties sur des substructions de l'époque gallo-romaine [2].

Le long du ruisseau de Bray, depuis Vrigny jusqu'au Cher, sur une longueur de plusieurs centaines de mètres,

---

1. Des archéologues prétendent qu'une voie romaine reliait Vrigny au poste militaire situé au-dessus de Chisseaux (*Cisomagus*) ; ils en ont, paraît-il, retrouvé quelques vestiges.
2. On a trouvé à Vrigny des monnaies romaines, entre autres une Faustine jeune bien conservée, et deux vases en verre, dont un est intact.

sous la terre cultivée, existent d'importantes et nombreuses substructions de cette époque, en petit appareil.

Deux vestiges de murs en ciment et deux citernes voûtées en briques à clavettes, trouvées au Mesnil, à cinquante ou soixante centimètres de profondeur, feraient supposer qu'il a existé à cet endroit une villa ou une construction romaine. D'ailleurs, je ne suis pas le seul à partager cette opinion.

Après la conquête militaire et l'organisation des cités gauloises, Auguste entreprit de réformer la religion de la Gaule. Il y arriva graduellement. Il fit entrer les dieux gaulois dans l'empyrée romain, en latinisant leur nom, en mettant en regard celui de la divinité romaine correspondante et l'on enseigna aux peuples que les deux divinités n'en faisaient qu'une [1].

C'est alors que le temple de Vrigny fut probablement bâti, non point au milieu des retranchements de la *mansio*, mais à l'endroit où existait peut-être un autel gaulois, et où s'élève aujourd'hui l'église [2]. On a découvert en dehors du monument, au nord, des fondations de murs offrant le même caractère de construction que celles qui longent le ruisseau de Bray et qui, en conséquence, doivent remonter à la même époque.

Vers la fin du troisième siècle, Dioclétien nomma Constance gouverneur de la Gaule et d'Espagne; c'est alors que le nombre des provinces fut augmenté; Tours

---

1. Ainsi Jupiter-Taranis, Pluton-Teutatès, Diane-Arduinna, etc. Les vieux autels druidiques restèrent debout abandonnés, ou furent entourés d'un temple païen. C'est de cette époque que datent les statuettes informes des dieux gallo-romains. Les Gaulois eux-mêmes eurent le droit d'être prêtres de ces nouveaux dieux, à condition de parler latin Auguste, au nom de l'humanité avait interdit les sacrifices humains.
2. Voir la *Revue celtique*, t. IV, p. 36.

reprit son ancien nom *(Turones)* et devint capitale de la troisième Lyonnaise.

Un cimetière de l'époque mérovingienne a été découvert à Saint-Georges, à l'ouest du mail, en plusieurs endroits et à différentes époques. Des tombes taillées dans la pierre tendre et contenant des ossements mélangés de terre ont été mises à jour en assez grand nombre en 1882 et 1883 en faisant diverses constructions.

II

Moyen âge. — Féodalité. — Devoirs seigneuriaux et redevances féodales. — Droits des seigneurs de Bléré et Chenonceau. — Mouvance des différents fiefs :

C'est seulement quand nous arrivons au moyen âge que nous trouvons quelques faits précis sur l'histoire de notre commune ou des fiefs qu'elle comprenait.

Je ne relaterai donc que les faits particuliers et propres à Saint-Georges, laissant de côté tout ce qui a rapport à l'histoire de l'ancienne province de Touraine.

Après la dissolution de l'empire de Charlemagne, date où commence la féodalité, Saint-Georges et presque tout le canton de Montrichard faisaient partie de la Touraine. Notre localité était assez peuplée à cette époque. Le notaire résida primitivement à Montrichard, ainsi que le sergent royal et plus tard le syndic de marine. Saint-Georges relevait de la circonscription et seigneurie d'Amboise ressortant du bailliage et siège présidial de Tours, puis de la châtellenie de Bléré à l'époque ou les biens de Louis d'Amboise, confisqués au profit de la couronne lui furent rendus à l'exception du château d'Amboise (1434).

Notre localité n'eut pas beaucoup à souffrir des guerres du moyen âge.

Au XIe siècle, les gens de guerre du comte d'Anjou Foulque Nerra, propriétaire et fondateur du château-fort de Montrichard, portèrent souvent le pillage dans notre vallée.

En 1119, Hugue de Chaumont, seigneur d'Amboise livra bataille à Archambault de Bray dans la Varenne de Francueil, entre Vrigny et le Port Olivier, et fut vaincu [1].

Plus tard en 1411 sous Charles VI, Jehan Marques, seigneur de Chenonceau et de Gratteloup, prit parti pour les Armagnacs contre les Bourguignons, d'où survinrent les désastres dont je parlerai dans le chapitre consacré à l'histoire de Gratteloup.

Notre contrée se ressentit aussi des troubles de la Ligue et des guerres civiles (XVIᵉ siècle).

Claude de Marolles, gentilhomme tourangeau, surprit pour le compte de la Ligue la ville de Montrichard, mais bientôt une division de troupes royales, commandée par MM. de la Trémouille, de Souvré et de Montigny, marcha contre la ville. La place se rendit à la première sommation. La vallée du Cher resta occupée par les troupes royales, fut traitée en pays conquis et livrée à toute sorte de ravages.

Il me reste maintenant à parler de l'histoire des fiefs que comprenait Saint-Georges.

Une partie de ces fiefs était sous la dépendance féodale du seigneur d'Amboise, puis du châtelain de Bléré. Plusieurs relevaient féodalement de Chenonceau, de Montrichard et d'autres châtellenies. Les possesseurs de ces fiefs étaient tenus envers le seigneur dominant à certains droits que j'énumèrerai plus loin.

De la châtellenie de Bléré relevaient les fiefs suivants : Saint-Georges-sur-Cher, Cornillau, les Roches, la Chaise, le Mesnil et la Bidaudière ; à une époque ces deux derniers fiefs relevaient de Montrichard.

Du seigneur châtelain de Chenonceau relevaient Vrigny,

---

1. Voir ma *Notice hist.* sur Montrichard, p. 53.

la Rabottière, la Noudrie, les Coudrais qui relevaient primitivement de Chissé, Gratteloup qui relevait du Deffaix, à Francueil, et le Petit-Bois qui relevait des Houdes ces deux fiefs, membres de la châtellenie de Chenonceau et enfin la Grange-Rouge.

Le Mesnil, la Bidaudière, le Porteau et Parçay relevaient du château de Montrichard.

Le moulin de la Rochette dépendait du Temple de Francueil, membre de la commanderie d'Amboise.

Différents achats et transformations dans les seigneuries changèrent à certaines époques les mouvances de ces fiefs.

Le seigneur de Bléré avait droit de prééminence dans l'église de Saint-Georges, et partant, tous les autres droits qui y étaient attachés [1]. Il avait le droit de haute justice [2], de tabellionage, de prévôté et coutume, de sceau des contrats de greffe, de justice annuelle sur le Cher, de péage et de pêcherie, depuis le bec du riau de Bray jusqu'au moulin de l'Étourneau; il avait droit de ségréage sur tous bois de chasse, de garenne, de foire et marché à Saint-Georges, de boucherie, de ban vin, de gourmet à vin, de langueyage des porcs, de cornéage et chevauchée; il avait aussi droit sur le jeu de boureau, espèce de jeu de quille, enfin droit de savatage, de garde sur le fief de la Chaise, et de quintaine sur la rivière, le jour de la Pentecôte [3], et d'éteuf et de buye sur les nouveaux mariés.

---

1. Ces droits furent confirmés au châtelain de Bléré par une sentence de l'officialité de Touraine, du 12 juin 1660, et une autre du baillage de Bléré, du 21 avril 1681.
2. Le seigneur de Bléré fut maintenu dans ses droits de haute justice par une sentence du baillage de Touraine du 21 avril 1611 et par plusieurs arrêts du parlement de 1612 à 1649.
3. Le droit de quintaine était dû au seigneur par tous les bateliers et voituriers par eau, pêcheurs et meuniers résidant dans la châtellenie (sentence arbitrale du 26 août 1679).

A la mort du seigneur de Bléré, les cloches de Saint-Georges devaient sonner deux heures chaque jour dans l'après-midi et pendant quatre semaines consécutives.

Le seigneur châtelain de Chenonceau avait droit de haute et moyenne justice sur les fiefs de Saint-Georges relevant de la châtellenie; le droit de prééminence et le droit de pêcherie sur le Cher, (depuis 1543), à partir du deffais de Chenonceau jusqu'au bec du riau de Bray; les droits de chasse, de garenne, de colombier; le droit de foire, de marchés et de halle, de poids et mesures et de jaugeage des futailles; le droit de lots et vente; le droit de boucherie et de charcuterie et les menues dîmes d'agneaux et de légumes ; enfin les droits de quintaine et d'éteuf et de buye sur les nouveaux mariés le jour de la Pentecôte [1].

La cure, le prieuré de la Chaise, les abbayes d'Aiguevives et de Villeloin percevaient un droit de dîme sur certaines parties de la paroisse de Saint-Georges.

Aiguevives et Villeloin percevaient la dîme sur les céréales seulement; tandis que la cure et le prieuré percevaient la dîme du vingtième sur les céréales et les fruits, sur chacun une moitié de la paroisse ; la partie du nord dépendait de la cure, et celle du midi du prieuré ; elles étaient séparées par le chemin qui, partant des Coudrais, passait à Chaizelle, la Vallée-Pitrou et aboutissait à Marré.

J'aborde l'histoire des anciens fiefs de Saint-Georges. J'ai relaté et classé dans un chapitre particulier à chacun d'eux tous les documents que j'ai pu recueillir.

C'est d'ailleurs la partie la plus importante de cette notice.

---

1. Voir pour plus de renseignements aux *Notes diverses* : DROITS FÉODAUX.

SAINT-GEORGES-SUR-CHER

Sanctus-Georgius super Carum (XIIIe siècle); *Sanctus-Georgius de Chesa* (XIIIe siècle); Saint-Georges de Bléré (1507).

Le logis seigneurial du fief ou hébergement de Saint-Georges était situé près de l'église. Il fut détruit avant 1561. Il a été possédé en 1507 par Adam Fumée, second du nom, chevalier, seigneur des Roches-Saint-Quentin, conseiller au parlement de Paris et maître des requêtes de l'hôtel du roi. Il fut commis pour tenir les sceaux aux grands jours de Poitiers, 1531-1533. En 1515, il obtint l'érection des Roches-Saint-Quentin en châtellenie, avec union de la terre de Genillé. De son mariage avec Catherine Burdelote, Adam Fumée eut plusieurs enfants, entre autres Martin et Anthoine, qui furent seigneurs des Roches et Louis, notaire et secrétaire du roi. Jean Trochard, écuyer, était seigneur de Saint-Georges-sur-Cher en 1550, du chef de sa femme Anthoinette Burdelote. En 1561, Nicole Louetière était propriétaire de l'emplacement où s'élevaient autrefois les bâtiments du fief. En 1789, Louis-Gaëtan de Thienne était qualifié de seigneur de Saint-Georges-sur-Cher.

Il m'a été impossible de retrouver l'emplacement exact de l'ancienne demeure seigneuriale.

CORNILLAU OU CORNILLOU

Cornilleau-Saint-Georges, Cornillau ou fief Ruzé.

Cornillau est assurément un des plus anciens fiefs de Saint-Georges, quoique l'époque de sa fondation nous soit inconnue. Il relevait primitivement du château d'Amboise à foi et hommage-lige, puis plus tard du seigneur de Bléré.

Au xiiie siècle, Cornillau paye la dîme à la collégiale de Loches *(Cornilleius*, 1213).

Le premier seigneur connu de Cornillau fut Adam Fumée, premier du nom, seigneur de Genillé, des Roches et Saint-Quentin. Il était fils aîné de Pierre Fumée, receveur des deniers communs de la ville de Tours, où il était né vers 1430. Il commença la fortune et l'illustration de sa maison. Après de brillantes études médicales à l'Université de Montpellier, il fut rappelé du Languedoc par Charles VII qui le nomma son premier médecin ; il fut ensuite le médecin de Louis XI (1479-1482), et maître des requêtes et garde des sceaux de France, en remplacement de Guillaume de Rochefort, sous Louis XI et sous Charles VIII. Il mourut à Lyon en 1494 et fut inhumé dans son château des Roches-Saint-Quentin. C'était un mathématicien savant, et en même temps un poète [1].

En premières noces, il avait épousé Jehanne Pellorde ; en secondes, Thomine Ruzé, veuve de Jean Burdelot et fille de Jean Ruzé, seigneur de Beaulieu, et de Gillonne Berthelote. De son premier mariage il eut cinq enfants : Adam, second du nom, conseiller au parlement (1492) et maître des requêtes (1494), qui fut seigneur de Saint-Georges-sur-Cher ; Hardouin, chanoine de Paris, abbé de Beaulieu ; François, qui suit ; Jeanne, mariée en 1493, à Pierre Bonnin, écuyer, seigneur de Nourion, procureur général au Grand-Conseil ; et Marguerite, femme de Jean Goyet, écuyer, seigneur de Montenault, secrétaire du roi.

François Fumée, seigneur des Fourneaux et de Cornillau épousa Catherine Marques, fille de Guillaume Marques, seigneur de la Folaine et de Chédigny, et dame de Chenonceau, et devint par suite seigneur dudit lieu qu'il

---

1. Voir aux *Notes diverses*, la Plaque de cuivre de l'église de Saint-Quentin.

fut obligé de vendre en 1506, pour payer ses nombreuses dettes. L'acquéreur fut Aymar de Prie, seigneur de Montpoupon, Luzillé et Chanteoiseau. François Fumée et Catherine Marques se retirèrent dans leur petit domaine des Fourneaux [1], qu'ils transmirent à leurs descendants

En 1577, Nicolas de Louvetière possédait le fief de Cornillau ; en 1616, David Thibault, fourrier en la maison de la reine, mère du roi, en était le seigneur ; il le vendit en 1617, moyennant 5,100 livres à Pierre Desmarests, écuyer, sieur de l'Espine, ancien écuyer tranchant de la reine, Louise de Loraine, puis conseiller et maitre d'hôtel en la maison de la duchesse de Mercœur, et enfin écuyer d'écurie de la duchesse de Vendôme. Il avait été nommé capitaine du château de Chenonceau en 1610.

Bernard de la Salle, seigneur de Bourg-Chevreau, était possesseur de Cornillau en 1631; ce fief passa ensuite à Christophe de Hidrecan de Maisoncelle, en 1632; puis à Alain de Boissy (1663), puis à François de Boissy et Marie le Rayer son épouse ; enfin à Henri de Boissy (1716). Saisi sur ce dernier, Cornillau fut adjugé en 1744 à messire Claude-Joseph Le Large, écuyer, seigneur d'Ervau, des Nouvelles-Cartes, du Pin et de Mefvre. Ses héritiers, Charles-Claude-Augustin Le Large d'Ervau, chevalier, seigneur de la Charmoise, le Pin, Marray et autres lieux, officier au régiment royal Navarre-Cavalerie, et ses sœurs, Marie-Marguerite-Louise, épouse de Jean Hervé de Rospice, chevalier, officier au régiment de Penthièvre, et Marie-Madeleine-Louise, femme de Guillaume Duhaffont, chevalier, seigneur d'Estrediagat, vendirent Cornillau, en 1774, à madame Dupin, veuve du fermier général Claude Dupin, seigneur de Chenonceau, les Houdes

---

1. C'est aujourd'hui un hameau de la commune de Ferrières-sur-Beaulieu.

et autres lieux. Elle fut la protectrice de J.-J. Rousseau et de Pierre-Fidèle Bretonneau ; elle mourut à Chenonceau le 20 novembre 1799.

Pendant que Christophe de Hidrecan était propriétaire de Cornillau, il fit faire à l'église de Saint-Georges certaines réparations qui lui firent donner le titre, à lui et à ses descendants possesseurs du fief, de fondateur de l'Eglise. C'est pourquoi Alain de Boissy eut plusieurs contestations avec le seigneur de Bléré, Jacques de Faverolles relativement aux droits de prééminence et de justice sur Saint-Georges et son église, en ce qui touchait, pour messire de Boissy, les fiefs de Cornillau et des Roches. Ces droits furent réglés et *confirmés* au seigneur de Bléré par un décret en date du 26 avril 1679 [1].

Il reste peu de chose du manoir de Cornillau ; une tour en partie refaite et qui défendait l'entrée, est le seul vestige de la construction primitive. Les bâtiments actuels sont du XVIIe siècle.

LES ROCHES

Le fief des Roches ou des Roches-Saint-Georges relevait de Bléré à foi et hommage simple. L'ancien logis seigneurial a été transformé ; ce qui reste sert de bâtiment d'habitation.

Les Roches appartenaient en 1472 à Jehan Bérard, écuyer, seigneur de Chissé, du Val d'Orquaire, Borgne-Savary, Fonbesches et autres lieux, premier président au parlement de Bordeaux (1475). Il avait épousé Marie d'Oriolle, fille de Pierre d'Oriolle, qui fut général des finances (1456), chancelier de France (1472) et premier

---

1. Les poteaux portant l'écusson armorié, signe des droits du seigneur haut justicier, furent plantés le 20 avril 1680.

président des Comptes (1483) ; ce personnage avait rendu bien des services à Louis XI, et son crédit était considérable.

Jacques Bérard, chevalier, fils de François Bérard et de Charlotte de la Haye, seigneur de Chissé, Bléré, la Croix, Grateloup, possédait les Roches-Saint-Georges en 1520 ; il avait épousé Madeleine Chasteignier, fille de Guy Chasteignier, seigneur de la Roche-Pozay, et de Madeleine du Puy. Il eut deux fils, François et René Bérard.

En 1610, Charles Chartier, sieur des Coudrais, et Bonne-Chalopin sa femme, vendirent les Roches à Pierre Desmarests, capitaine du château de Chenonceau et à Charlotte de Hidrecan sa femme. Ceux-ci revendirent le fief des Roches avec Cornillau et Grateloup à Hidrecan de Maisoncelle (1632).

Désormais les Roches appartinrent aux propriétaires de Cornillau, et, saisies sur Henri de Boissy en 1744, furent adjugées avec ce fief à Claude Le Large d'Ervau. Son fils Augustin Le Large d'Ervau[1], de concert avec ses deux sœurs, vendit Cornillau, les Roches et le moulin de Bray, le tout pour 40,000 livres à madame Dupin, représentée par Paraclet-Amélie Chesnon.

LA CHAISE

Chasa, 1211 (Charte de l'Abbaye de St-Julien). — *S. Julianus, juxta Chesiam*, vers 1270 (Cartulaire de l'archevêché de Tours). — *Chaise-Dieu*, (Registres paroissiaux de Saint-Georges).

Le prieuré-fief de la Chaise, est un des plus anciens fiefs de Saint-Georges ; il faisait partie des biens de l'abbaye de

---

1. Charles-Claude-Augustin Le Large d'Ervau comparut en 1789 à l'Assemblée électorale de la noblesse du Blésois.

Saint-Julien de Tours [1], et relevait au xiiie siècle de l'archevêché de cette ville. Plus tard il releva de Montrichard, d'Amboise et de Bléré.

La Chaise fut, dit-on, donnée à l'abbaye de Saint-Julien par les premiers seigneurs d'Amboise ; il n'y a rien de positif à ce sujet.

Le chapitre de Saint-Julien avait droit de basse et moyenne justice sur les fiefs qu'il possédait. La haute justice était l'apanage du châtelain de Bléré, seigneur suzerain, à qui elle fut confiée, avec le droit de garde sur ledit fief de la Chaise par plusieurs ordonnances du conseil du roi de 1447 à 1529.

Une note du *Chartrier* de Bléré de 1308, apprend que les prieurs de la Chaise reconnaissent au seigneur de Bléré le droit de haute justice, et en 1446, ils font aveu du droit de moyenne et basse justice.

Le prieuré de la Chaise avait sa chapelle que l'on voit encore aujourd'hui. Le curé de Saint-Georges venait y dire la messe le dimanche et le jeudi, et recevait pour cela une rente annuelle de vingt-deux setiers de blé dont un tiers de froment, un tiers de seigle et un tiers d'orge. Il y avait dans cette chapelle une cloche qui fut bénite par le curé Macé vers la fin du xviie siècle.

La chapelle prieurale de la Chaise est mentionnée dans le *Registre des visites des chapelles du diocèse de Tours*, en 1730 et 1787 [2].

Le prieuré-fief de la Chaise fut vendu en 1793 comme bien national à Monpouët qui en était le fermier.

Le manoir qui existe encore fut, dit-on, reconstruit au xive siècle ; il a bien, en effet, le cachet architectural de

---

1. Abbaye de l'ordre de St-Benoît, congrégation de St-Maur, cet ordre existait en Touraine quand Grégoire de Tours y vint (vie siècle).
2. Voir aux *Notes diverses* : Ordonnances de l'archevêque de Tours concernant l'église de St-Georges et la Chapelle de la Chaise (1730).

cette époque. Il est composé d'un bâtiment rectangulaire à deux étages, accompagné de deux ailes, l'une au levant, l'autre au couchant ; au milieu de la façade principale qui regarde le midi est une tourelle exagonale contenant un escalier à vis en pierre qui dessert les deux étages et les combles. Les deux angles de cette façade sont flanqués chacun d'une tourelle en encorbellement qui, avec les lucarnes à toit aigu, donne à cette habitation une certaine élégance.

Le village eut à une certaine époque une assez grande population puisque plusieurs notaires et sergents royaux du baillage de Bléré y résidèrent de 1559 à 1596. Le notaire Bisson y résidait encore en 1728.

LE MESNIL

Le fief du Mesnil était assez étendu et avait une certaine valeur. Dans les premiers temps, il relevait de Bléré ; puis au XVIe siècle il fut sous la dépendance féodale du seigneur châtelain de Montrichard.

Le premier seigneur connu du Mesnil est Jean Bonnart, sieur de la Bonnardière, à la Croix de Bléré, conseiller du roi, maire de Tours en 1466, en remplacement de Jean Bernard, et receveur des tailles du Loudunois.

En 1483 le Mesnil appartenait à Jean Gallocheau [1], qui rendit aveu le 2 avril en 1565 à Charles Richard ; puis à Joseph Richard, écuyer du corps du roi. En 1687 et en 1696, un autre Charles Richard, écuyer, seigneur de la Bidaudière et de la Bourdillière, était seigneur du Mesnil, où il résidait habituellement. Louis le Noir était possesseur de ce fief en 1742 ; il prit plus tard le titre de

---

[1]. Un Jean Gallocheau était maire de Tours en 1470 ; un autre en 1512.

sieur du Mesnil et fut président du grenier à sel de Montrichard; il résidait à Saint-Pierre des Corps, près Tours. Le 15 janvier 1771, il vendit le Mesnil et le Moulin à Louis Gaëtan de Thienne, baron de Beauchêne, chevalier de l'ordre royal et militaire de Saint-Louis, ancien capitaine au régiment du roi, capitaine et gouverneur des villes et baillage de Sens, seigneur de la haute justice de Razay, le Châtellier, la Piollière, Monsay, Launay, Beauregard, Beauchêne, Laleu, Fausse-Maure, Cigogné, Marolles, La Mardelle, le Mesnil, la Bidaudière et St-Georges-sur-Cher. Il avait épousé Adelaïde-Pauline de Vigny.

Le 25 brumaire an x, de Thienne vend, moyennant 20,000 francs à Jean-Toussaint Belluot, le Mesnil, la Bidaudière et le moulin du Mesnil; Pierre Samson, le fermier de ces biens, donnait annuellement pour le fermage, 4 setiers de froment, 40 setiers de seigle, 18 setiers d'orge, 4 setiers d'avoine, 3 boisseaux de pois, 40 livres de chanvre, 12 livres de beurre, 12 douzaines d'œufs, 12 poulets, 12 chapons et 150 livres en argent.

Le seigneur du Mesnil percevait un droit de cens et un droit de dîme du septième sur les récoltes des terrains situés entre les Rimbaudières et Parçay; peut-être étaient-ce des propriétés propres du fief aliénées à rente perpétuelle.

La maison d'habitation du Mesnil, complètement transformée de nos jours, fut bâtie du XVe au XVIe siècle, sur les ruines d'une construction qui reposait elle-même, selon toute probabilité, sur des substructions de l'époque romaine. Le manoir garda son aspect féodal jusqu'au commencement du siècle; il était entouré de murs de 3 à 4 mètres de hauteur, protégé aux quatre angles par des tourelles de 3 mètres 30 de diamètre; la porte d'entrée de l'enceinte, défendue par deux autres tourelles, se trouvait au levant. Au nord des bâtiments était la fuie;

elle pouvait contenir, m'a-t-on dit, plus de deux cents pigeons.

LA BIDAUDIÈRE

Le fief de la Bidaudière ou Bédaudière était de peu d'importance ; sa maison d'habitation, située entre le Mesnil et le moulin de l'Issard, n'existe plus depuis près d'un siècle. Une cave découverte l'an dernier est le seul vestige de l'ancien manoir.

Charles Richard était seigneur de la Bidaudière en 1630: puis ce fief passa à la famille de Thienne, de Razay, famille originaire d'Italie (xviie et xviiie siècle). Les deux derniers seigneurs furent Alexandre-Gaëtan de Thienne, chevalier, marié à Madeleine de Tripsé, inhumée dans l'église de Genillé, le 3 août 1765; et Louis-Gaëtan de Thienne, seigneur du Mesnil, qui comparut en 1789, comme fondé de pouvoir, à l'assemblée de la noblesse de Touraine convoquée pour l'élection des députés aux états généraux.

VRIGNY

Au xiiie siècle Vrigny faisait partie de la châtellenie de Chenonceau ; mais il fut vendu par les Marques au xve siècle.

Le 28 octobre 1517, Thomas Bohier, chevalier, baron de Saint-Ciergue, général des finances, seigneur de Chenonceau, les Houdes et autres lieux, acheta de noble homme Jehan Chappeau, seigneur de Scéphoux, en la paroisse d'Orbigny, le fief de Vrigny avec le droit de pêche et de moulin dans la rivière du Cher et dans le ruisseau de Bray. Cette vente eut lieu pour le prix de 280 livres tournois, payés en 140 écus d'or soleil par Pierre Rousseau, grenetier de Bernay en Normandie, en présence de Guillaume Fumée seigneur de la Bourdillière, à Genillé. Ce fief relevait du seigneur de Chissé, à cause de son fief de Chisseau, et était tenu à foi et hommage simple, et à un roussin de service à *muance* de seigneur, apprécié soixante sols tournois. Le lendemain, Thomas Bohier prit en personne possession de Vrigny, en présence de Thomas Lubin, prêtre demeurant à Saint-Georges, et Mathurin Forest, prêtre, demeurant à Francueil.

René de Pons, écuyer, neveu du vendeur, essaya bien d'exercer le retrait lignager; mais son procureur, Anthoine de Moran, ne pût parachever, par manque de 7 livres tournois, le payement du principal, et fut débouté de ses prétentions par sentence du bailli de Chisseaux.

En 1521, Thomas Bohier rendit ses devoirs féodaux à Jacques Bérard, écuyer, seigneur de Chissé, Chisseaux, Bléré, les Roches et autres lieux, fit aveu et démembrement du fief de Vrigny. Ce fief, qui comprenait 600 à 700 arpents, était possédé presque entièrement par les paysans; il n'y avait que trois propriétaires nobles, maître Jean Gallocheau, seigneur des Coudrais, le sieur de la Rabotière et l'église de Saint-Georges, qui possédaient ensemble environ 25 arpents.

En cédant au roi François Ier la châtellenie de Chenonceau et des Houdes, Anthoine, fils de Thomas Bohier, s'était réservé, entre autres domaines, le fief de Vrigny qu'il abandonna cette même année à son frère Guillaume, bailli du Cotentin (1535).

Adam de Hodon, seigneur de la Chervière, la Touche, la Bruandière, la Bardoire, Varennes et autres lieux, bailli et capitaine de Gisors, gouverneur de Chartres et ambassadeur du duc de Ferrare en France, acheta de Guillaume Bohier, en 1542, le fief de Vrigny qu'il vendit, le 2 février 1556, à Diane de Poitiers, duchesse de Valentinois, dame de Chenonceau. Elle obtint de Henri II, au mois d'octobre 1557, des lettres patentes déclarant que Vrigny et plusieurs autres fiefs relevaient féodalement du roi, et ils furent incorporés à la Châtellenie de Chenonceau. Catherine de Médicis en achetant la chatellenie de Chenonceau, en 1560, devint propriétaire de Vrigny ; elle la donna à sa mort à sa mère Louise de Lorraine ; celle-ci mourut en 1601, et la châtellenie de Chenonceau et ses dépendances furent vendues.

En 1690, messire de Glastray était seigneur de Vrigny, ce fief resta, jusqu'à la Révolution, sous la dépendance féodale du seigneur de Chenonceau, car, en 1756, messire Claude Dupin fait asçavoir au seigneur de Vrigny qu'il ait à se rendre aux assises des fiefs, terres et seigneuries de ladite châtellenie de Chenonceau, pour satisfaire comme vassal, à toutes obéissances féodales.

Tout fait croire qu'au commencement du XVIIe siècle, le village de Vrigny était assez important, car le notaire et le médecin y demeurèrent pendant quelque temps.

LA RABOTIÈRE

La Rabotière était un petit domaine en roture qui relevait de la châtellenie de Chenonceau au censif coutumier, c'est-à-dire à raison d'un denier par quartier de terre (25 chaînées). Ce fief appartenait à la famille Jousset qui possédait de grands biens à Saint-Georges. Mathurin Jousset, sieur de la Rabotière en était propriétaire en 1521 et 1565 ; un autre Mathurin Jousset, descendant du précédent, la possédait, en 1624.

Le manoir de la Rabotière, dont il reste peu de la construction primitive, datait du XVe siècle et avait, pour le temps, une certaine importance.

LA NOUDRIE OU NOIRAIE

Ce fief n'avait pas plus d'importance féodale que la Rabotière et n'avait aucuns droits seigneuriaux.

La Noudrie était possédée en 1580 par Charles Dupont, qualifié de noble homme en 1595 ; Dubois de Montmoreau, seigneur des Coudrais, en était propriétaire en 1631, puis, en 1658, Alexandre Tournier, fils de messire Tournier, seigneur de Saint-Lubin, exempt des gardes du corps. Il mourut d'apoplexie, le 8 juin 1658, chez messire Augard, curé de Saint-Georges.

LES COUDRAIS

La terre des Coudrais ou Couldrais appartenait au XIIIe siècle à la famille Marques, propriétaire de Chenonceau. Cette famille était originaire de l'Auvergne ou de la Marche.

C'est, à ce que l'on croit, Jean Marques, second du nom, qui fit bâtir la première habitation des Coudrais, quelque temps après celle des Houdes. Cette terre relevait alors de Chissé.

Les Coudrais, auxquels étaient annexées les Bellaudières et la Minière ou fief Soyer, appartenaient en 1515 à Jacques Galocheau, maître-d'école et chanoine de Monsieur Saint-Martin de Tours, lequel en rendit foi et hommage à Thomas Bohier.

Charles Chartier et Bonne Chalopin sa femme, vendirent ce domaine en 1621, moyennant 12,500 livres tournois, à Gabriel Collin, conseiller et élu pour le roi en l'élection de Loches. Saisies sur son fils Olivier Collin, ces terres furent adjugées, en 1659, pour 20,000 livres, à Marie Oudin, veuve de Jacques Dubois, ancien maître d'hôtel en la maison du roi, laquelle paya le prix de son acquisition entre les mains de noble homme Jean Nau, seigneur de Noisay et de l'Ile-Oger. Son fils, Henri Dubois de Montmoreau, écuyer, chanoine de Saint-Gatien de Tours, qui fut maire de ladite ville et clerc au présidial [1], les donna en 1717, à dame Marie Biard des Brosses, veuve d'Anthoine Robin des Coudrais, sur laquelle la terre des Coudrais fut saisie le 1er septembre 1741, et adjugée à Louis de Soolmaker, écuyer, demeurant ordinairement à Tours. Ce domaine comprenait alors la terre des Coudrais, la Minière ou fief Soyer, les Bellaudières et le fief de Gratteloup. Le seigneur des Coudrais avait droit de basse justice, de dîmes, de cens et rentes, de chasse, de lots et ventes.

La métairie de Crotte, à Chissé, relevait du fief des Coudrais pour une redevance annuelle de cinq setiers de seigle. Cette métairie appartenait à l'Hôpital de Montrichard ; les administrateurs de cet hôpital l'avaient achetée de François Aucher, lieutenant des Invalides.

La seigneurie de la Minière, dit fief Soyer, relevait du Deffaix, à Francueil, à foi et hommage simple, et 5 sols à *muance* d'homme, avec les droits de basse justice, de chasse, de cens, de rentes, de lots et ventes, d'amendes, jusqu'à 7 sols 6 deniers tournois.

Les Bellaudières, ayant environ 30 arpents de dépendances propres, relevaient du même fief avec les mêmes droits féodaux. Le fief du Deffaix était membre de la châtellenie de Chenonceau.

Le 12 juin 1748, messire Charles Poullain, écuyer, sieur de Bouju, acquit de messire Louis de Soolmaker, écuyer, et de Madeleine Legras son épouse, la terre et seigneurie des Coudrais et tout ce qui en dépendait, moyennant

---

1. Dubois de Montmoreau mourut à l'âge de quatre-vingts ans et fut inhumé dans l'église de Saint-Georges, le 17 juin 1733.

23.740 livres. En 1751, ces divers domaines étaient entre les mains de François Poullain, seigneur de Bouju, capitaine au régiment d'infanterie Vermandois, et de sa sœur, Elisabeth Poullain de Bouju, femme de Charles-Gabriel-Auguste d'Andigné, chevalier, seigneur de Mayneuf.

La seigneurie des Coudrais, d'une contenance totale de 165 arpents de propriétés propres, en y comprenant Gratteloup, les Bellaudières et la Minière s'étendait sur les fiefs du Deffaix, des Houdes, de Pont, de Vrigny, de la Chaise, d'Epeigné, du Temple, de Chissé et du Mesnil, et prélevait de redevances annuelles, 33 livres 5 sols 6 deniers de rentes, plus 47 setiers de seigle et 3 poulets.

En 1774, cette seigneurie fut vendue par Poullain de Bouju à Armant Dupin de Chenonceau, pour 25, 740 livres. Elisabeth Poullain ratifia cette vente, et sa signature donnée au Lion d'Angers, fut légalisée par Michel-René Falloux, écuyer, seigneur du Lis, lieutenant général de la sénéchaussée d'Anjou, et Conservateur des privilèges royaux de l'université de ladite ville.

Le manoir des Coudrais, assis à la limite de Saint-Georges et de Francueil, est une construction de la première moitié du XVIe siècle. On y remarque, dans la salle principale du rez-de-chaussée, une fort belle cheminée de la Renaissance où la dorure était jetée à profusion. Dans le trumeau carré qui la surmonte, une peinture à fresque, représente, au milieu d'un atelier de charron ou de forgeron, trois ouvriers *embattant* une roue, avec cette inscription :

ORNAMENTVM HEREDITATIS LABOR

Est-ce, dit M. C. Chevalier, la devise d'un parvenu qui après être sorti des rangs obscurs de la société par son travail et son intelligence, s'honore de l'humilité de son origine ? Nous l'ignorons, mais nous penchons à attribuer la construction de ce manoir à Jacques Gallocheau, issu d'une modeste famille bourgeoise de Tours qui en était propriétaire en 1515.

La tradition locale veut que les Coudrais aient servi de rendez-vous de chasse et de galanterie à François I*er*, à Henri II et à Diane de Poitiers. L'ornementation des poutres de la salle principale, où se voyaient les D et les H unis, comme aux plafonds de Chenonceau, avec des croissants entrelacés et des cœurs enflammés, donne à cette opinion une grande vraisemblance. On sait, d'ailleurs, par des lettres patentes de 1517, publiées dans l'*Histoire de Chenonceau*, de M. C. Chevalier, que François I*er* allait « souvent chasser et prendre son passe-temps » sur les deux rives du Cher, et que la construction du pont de Chenonceau fut autorisée principalement pour faciliter à la chasse royale le passage de la rivière. Il semble donc dès aujourd'hui hors de doute que les Coudrais aient quelquefois reçu les visites familières de la cour.

Il y avait aux Coudrais une chapelle ; elle a été démolie au commencement du siècle ; elle se trouvait au nord du manoir.

GRATTELOUP

Les Marques de Chenonceau possédaient Gratteloup au XIV*e* siècle.

Au commencement du XV*e* siècle, Jehan Marques, I*er* du nom, en était le seigneur. Sous Charles VI il prit parti pour les Armagnacs contre les Bourguignons, et livra ses châteaux forts aux Anglais, que les ducs d'Orléans et de Berry, brouillés avec la reine Isabeau de Bavière, avaient appelés à leur secours.

Au milieu du bois de Gratteloup, Marques possédait un château fortifié qui se nommait, suivant la tradition, le *Château-Gaillard*, ce château était très bien placé, pouvait recevoir une garnison assez importante et soutenir un siège. Il y reçut donc ainsi qu'à Chenonceau et au château des Houdes, garnison anglaise. Mais il ne tarda pas à subir la peine de sa félonie. Le maréchal Jehan le Meingre, dit Boucicaut, second du nom, seigneur de Marolles et de la Bourdaisière, leva des troupes pour repousser l'ennemi. En 1411, le roi ordonna à la ville de Tours de livrer passage au maréchal envoyé pour aller combattre, est-il dit dans l'ordonnance, « aucuns de nostre sang et lignaige qui ont levé des gens de guerre, et pillent et dérobent nos gens et subjects ». Les troupes royales battirent les Anglais dans les prairies de Vintin, sur les bords du Cher. Le château de Chenonceau, celui des Houdes et le Château-Gaillard furent incendiés et rasés, et les bois de ces seigneuries coupés à *hauteur d'infamie*, en signe de traitresse et de félonie de la part du vassal.

On voit encore aujourd'hui à l'endroit où fut l'ancien fort, les douves du château à demi comblées ; on distingue aussi deux enceintes de fossés entourant l'emplacement rectangulaire du fort. D'après l'aspect du terrain, on est porté à reconnaître l'entrée de cette double enceinte à l'endroit où les fossés sont complètement comblés, c'est-à-dire du côté du couchant. Le fossé de la troisième enceinte se réunit à celui de la seconde, du côté du levant [1].

Il reste encore de l'ancien fort des Houdes une vieille cave, les douves à demi comblées, des débris de construc-

---

1. Tout près de cet endroit dans le bois de la Lieuterie existe un souterrain dont la construction remonte à une époque très reculée. La tradition prétend qu'il faisait correspondre le Château-Gaillard avec la campagne.

tions, mélangés de cendre, des pierres noircies, tristes souvenirs de la guerre civile.

Cet événement porta un coup terrible à la fortune des Marques ; aussi, en octobre 1415, Jehan Marques et sa femme Jehanne Destousches, furent-il obligés de vendre une partie de leurs domaines ; mais ils gardèrent la propriété de Gratteloup et Jehan Marques, second du nom, fit élever un second château-fort, qui est aujourd'hui celui des Houdes, mais dont il reste peu de la construction primitive.

Jehan Bérard, seigneur de Bléré, Chissé, les Roches-Saint-Georges, etc., et fils de Pierre Bérard et de Jeanne Chérité, possédait Gratteloup en 1472 ; Jacques Bérard en fut ensuite seigneur (1523) ; puis Charles Chartier, sieur des Coudrais, des Bellaudières et de Boisrenault, qui vendit ce fief, en 1610 à Pierre Desmarests. Il passa ensuite comme Cornillau et les Roches à Christophe de Hidrecan (1632), à Alain de Boissy (1663), à François de Boissy et Marie le Rayer, sa femme. Ceux-ci vendirent le fief de Gratteloup à Henri Dubois de Montmoreau, seigneur des Coudrais, et après l'avoir racheté, le cédèrent plus tard au chevalier d'Aulnay, en échange de la pêche du ruisseau de Bray, transaction que Claude Dupin, propriétaire de Chenonceau, refusa de ratifier, car le chevalier d'Aulnay n'était que seigneur usufruitier de Chenonceau [1].

En 1739, les de Boissy possédaient encore Gratteloup ; ils le revendirent à Marie Biard des Brosses dame des Coudrais, et Louis de Soolmaker l'acheta en 1741 en même temps que ce dernier domaine, dont Gratteloup fit désormais partie.

---

1. François Douault d'Illiers, chevalier de Malte, seigneur d'Aulnay et autres lieux, dit le chevalier d'Aulnay, descendait d'une ancienne famille de Touraine qui avait possédé des domaines dans nos contrées.

A cette époque le fief n'avait que 22 arpents de dépendance propre, et relevait du fief du Deffaix, à Francueil, à foi et hommage simple et à un roussin de service évalué soixante sols, avec le droit de basse justice, cens, rentes, lots, amendes jusqu'à sept sols six deniers et 5 de devoir à *muance* d'homme.

Charles Richard, sieur du Mesnil, ayant voulu revendiquer certains droits de suzeraineté sur ce fief et sur ceux des Bellaudières et de la Minière, fut débouté de ses prétentions en 1680 par une sentence des requêtes du Palais à Paris.

LA GRANGE-ROUGE

Le fief de de la Grange-Rouge relevait de la seigneurie d'Argy, membre de la châtellenie de Chenonceau, à foi et hommage simple et au devoir d'un roussin de service.

La seigneurie d'Argy, à Civray, était importante ; elle s'étendait sur Civray, Saint-Georges, Faverolles, Francueil, Luzillé, Bléré, La Croix, Chissé, Chisseau et Chenonceau. Guillemine Binet, veuve d'honorable homme sire Michel Pellé, seigneur d'Argy, vendit ce fief en 1511 à Thomas Bohier, et Argy fut réuni à Chenonceau, par lettres patentes de Louis XII (1514), en une seule foi et hommage.

Pierre Gaule était seigneur de la Grange-Rouge en 1504, il rendit aveu pour ce fief, au seigneur d'Argy, le 26 octobre de cette même année. Un Gallocheau était propriétaire de la Grange-Rouge en 1523 et il rendit aveu à Thomas Bohier, seigneur de Chenonceau, le 18 mai. La famille Gallocheau possédait beaucoup de propriétés dans nos contrées, au xvie siècle.

Au commencement du xviie siècle, le fief de la Grange-Rouge appartenait à Jacques Goury, écuyer, seigneur de

Chays, noble homme d'Amboise. De Courtin chevalier, le posséda ensuite (XVII° et XVIII° siècles).

LE PETIT-BOIS

Nous ne connaissons que deux seigneurs de ce petit fief; c'est Jean Jousset, qui mourut le 28 septembre 1651, à la Chauverie, et un autre Jean Jousset vivant en 1653, s'intitulant sieur de la Rabottière.

La Métairie du Petit-Bois, entièrement renfermée de murs, avec grand portail d'entrée, avait 25 arpents environ de dépendances propres estimés 1,400 livres en 1748. Ce fief relevait féodalement de la seigneurie des Houdes, membre de la châtellenie de Chenonceau, avec le droit de basse justice seulement.

Le Petit-Bois fut acheté par le seigneur des Coudrais vers la fin du XVII° siècle.

LE PORTEAU

Le Porteau ou le Portail appelé *Porteau-Saint-Georges* et *Pourteau* en 1559, était un fief de peu d'importance, qui appartenait à cette époque à René Bourgault, seigneur de Châtillon (élection de Loches); il était possédé en 1576 par René de Bourgault, juge et lieutenant criminel à Tours; en 1681 par François de Glestraye; et en 1754 par Pierre Chardon de Beauvais, seigneur de Saran et de Chênemoireau, son parent et son héritier. Cette famille posséda le Porteau jusqu'à la Révolution; il passa ensuite à ses descendants.

La maison d'habitation du Porteau, basse et mal construite fut bâtie en 1668, dit-on, par messire François de Glestraye de Grigny.

Le fief du Porteau relevait du château de Montrichard.

PARÇAY

Le fief de Parçay relevait aussi du château de Montrichard et fut possédé par la famille Chardon de Beauvais ; ce sont les seuls possesseurs du fief qui nous soient connus.

Le manoir de Parçay appartenant à l'architecture du XVIe siècle, était flanqué de deux tourelles de défense ou cavaliers, et avait pour l'époque une certaine importance. Les deux tourelles sont enclavées dans les constructions actuelles. Il ne reste que quelques vestiges de la construction primitive.

MARRAY

La famille Dunon posséda Marray jusqu'en 1642. Cette même année Marc Jousset en fit l'acquisition ; il eut pour successeur Jehan Jousset. Ce fief passa ensuite à la famille de Frécine. Le dernier seigneur fut de Frécine, religieux de l'ordre des bénédictins ; il n'émigra pas à la Révolution, il prêta serment de fidélité au gouvernement devant la municipalité de Saint-Georges, l'an III de la République. Il était parent du bailli de Montrichard, Frécine, qui se tua d'un coup de pistolet, à l'avènement de Napoléon Ier, pour ne pas survivre au gouvernement républicain.

Marray n'avait aucune importance féodale et parmi les quelques prérogatives seigneuriales attachées à ce petit fief, les plus importantes étaient les droits de cens et de fuie ou colombier.

Une grande partie des propriétés propres de Marray avait été aliénée à différents propriétaires, moyennant une rente perpétuelle et non rachetable du quart du fruit.

La maison d'habitation de Marray était simple mais assez vaste.

LE DEFFAIX

Marc Jousset était aussi seigneur du Deffaix, en 1683. Ce fief avait été possédé par Jamin, en 1669 ; puis, en 1678, par messire de la Forest, écuyer, capitaine du château d'Amboise. Il fut enfin, comme Marray, possédés par la famille de Frécine.

Le Deffaix n'était à proprement parler qu'une métairie et n'avait sous sa dépendance féodale que ses propriétés propres.

LA CHAUVÉRIE

Le fief de la Chauverie était assez étendu, mais avait relativement peu de valeur. Les Bonroy le possédaient déjà depuis longtemps en 1580 ; ils s'intitulèrent seigneurs de la Chauverie en 1666. De Frécine, en était propriétaire à la Révolution, et la Chauverie passa, ainsi que Marray et le Deffaix, à ses descendants. La closerie de Légry dépendait de la Chauverie.

LES RIMBAUDIÈRES

Charles Jousset et ses descendants possédèrent le fief des Rimbaudières jusqu'au milieu du XVIIe siècle ; ensuite, il fut vendu à Louis Chaffin puis à Chollet qui fit bâtir la maison d'habitation [1] que l'on voit encore aujourd'hui et qui devait être importante à en juger par les sculptures qui subsistent encore sur cet ancien manoir.

---

1. Suivant Mahiet de la Chesneraye.

LA VALLÉE-PITROU

La métairie de la Vallée-Pitrou appartenait au XVIIe siècle à Jean Déodeau, écuyer, seigneur et sieur de Paradis et du Fourneau à Bléré, en 1626. Il fut élu député du.baillage d'Amboise aux états généraux en 1614 et bailli d'Amboise en 1623. Il avait épousé Françoise de Boineau, fille de Gille de Boineau, maire d'Amboise (1619), dont il eut deux fils : Louis, né à Amboise, le 11 avril 1624, et François [1].

Après la mort de Jean Déodeau, la terre de la Vallée-Pitrou passa à sa veuve, qui la donna à Charles Fleurant, garde des forêts et menus plaisirs du roi ; puis elle échut à André Fleurant [2], sur lequel elle fut saisie et vendue, en 1685 à Jean Aubin, qui la donna au sieur Dubour de Launay, moyennant 50 livres tournois de rente, le 27 mai 1698 ; celui-ci la céda au sieur de la Boullaie. En 1718, François Merlet, maître chirurgien à Loches, accepta la somme de 1,000 livres, tant en son nom qu'en celui de Marie Aubin, sa femme, pour le rachat de ladite rente.

En 1773, Charles Chatet et sa femme, Jeanne Chauvin possédaient la métairie de la Vallée-Pitrou. A la mort de Chatet, ses domaines furent partagés entre ses quatre enfants, et la Vallée-Pitrou fut donnée à sa fille Jeanne, épouse de Pierre Clavault, qui la possédait en 1789.

La grand'maison de la Vallée-Pitrou est du XVIe siècle ; elle fut probablement bâtie vers 1560, par Élie Déodeau, sieur de Paradis, maire d'Amboise.

La métairie relevait féodalement du prieuré-fief de la Chaise, au censif coutumier ; mais ses dépendances, s'é-

---

1. Il fut grand prieur de l'abbaye de Cormery (1691).
2. Sa fille, Marie Fleurant, épousa le 9 septembre 1658, honorable homme messire Jacob Cherbonnier.

tendaient sur les fiefs de Marray, du Mesnil et de Chenonceau, et formaient un total de trente arpents environ. De plus elle devait à l'abbaye d'Aiguevive, au jour et fête de la Saint-Michel trois boisseaux et trois quarts de boisseaux de blé méteil [1].

LA ROCHETTE

Le moulin de la Rochette relevait du Temple de Francueil, membre de la Commanderie d'Amboise.

En 1516, Jacques Bérart, écuyer, seigneur de Bléré et de Chissé, et sa femme Madeleine Chasteignier, vendirent à Thomas Bohier, chevalier, baron de Saint-Ciergue, seigneur de Chenonceau et autres lieux, le moulin de la Rochette, à charge de faire foi et hommage au roi à cause de son château d'Amboise. Cette vente fut faite à Tours en présence d'honorables hommes messires Raoul Robert et Jehan Barbot, licenciés ès lois, Ethienne Adam, lieutetenant de Montrichard et Charles de Lémery, témoins. Bohier étant absent, Catherine Briçonnet, sa femme, se transporta à la Rochette, et en signe de vraie et réelle possession, elle mit le meunier hors du moulin, prit les clefs, ferma et ouvrit les portes, et réinstalla le meunier dans sa maison.

En 1522, Thomas Bohier fit aveu et dénombrement au roi du moulin de la Rochette. Cet aveu fut vérifié en vertu d'une ordonnance de la chambre des comptes.

---

1. Après la vente des biens nationaux, le gouvernement s'était emparé de certaines dîmes et redevances. Le propriétaire de la Vallée-Pitrou paya la redevance de sa métairie à Blois, jusque vers 1825.

III

AGRICULTURE

Au moyen âge, l'agriculture comprend, dans notre contrée, la culture de la vigne, des céréales et quelque peu du chanvre

Vers le milieu du xve siècle, la propriété commence à être déjà singulièrement morcelée, surtout dans la varenne du Cher et sur les côteaux. La moyenne parcellaire des terres arables s'élève à 70 chaînées et le prix moyen en est de 8 à 9 livres l'arpent, la moyenne des prés descend à 35 chaînées à raison de 20 livres l'arpent ; et celle des vignes à 22 chaînées pour 28 ou 29 livres l'arpent [1].

On voit dans le cadastre de la châtellenie de Chenonceau que certains propriétaires de Vrigny possédaient des parcelles de terre de 18 mètres carrés [2].

Remarquons d'abord qu'à cette époque le mot *blé* désigne non seulement le froment, mais encore le seigle, l'orge et même l'avoine.

La principale culture des céréales était, non pas le froment, mais le seigle. Les redevances féodales, les droits de terrage, les arrentements fonciers, les fermages sont établis, non en froment, mais en seigle. Cette différence provient de l'imperfection des procédés de culture. Les prairies naturelles étaient peu étendues, et les prairies artificielles complètement inconnues, et la petite

---

1. Voy. aux *Notes diverses*, le tableau comparé des mesures et monnaies.
2 Le droit de cens à payer était un quinzième de denier.

quantité de bétail ne permettait pas de créer les engrais nécessaires à la production du froment ; le seigle qui se contente d'un sol pauvre constituait donc nécessairement la partie la plus importante de la culture des céréales. Les cultivateurs étaient renfermés dans ce régime cultural par la routine d'abord, mais surtout par les règlements féodaux. Les seigneurs qui percevaient sur la terre un droit de cens ou de gerbe, autrement dit droit de *champart*, avaient intérêt à ne pas laisser dénaturer le genre des cultures, afin de ne pas perdre leurs droits.

Le cheval était peu répandu à cause de la rareté des fourrages et du mauvais état des chemins, et le bœuf, aujourd'hui complètement disparu de notre région, était l'unique auxiliaire des travaux du laboureur.

Les seuls marchés du voisinage étaient ceux d'Amboise, de Bléré et de Montrichard ; mais ils étaient difficilement accessibles dans la mauvaise saison.

En 1506, le setier de froment valait 10 sols tournois, le setier de seigle 7 sols six deniers, le setier d'orge 5 sols, et le setier d'avoine 4 sols. En 1549 le froment valait 20 et 24 sols le setier, le seigle 14 sols ; les chapons 2 sols la pièce, les poulets 6 deniers, et les oies, tant maigres que grasses, avec un chef d'ail pendu au col, 3 sols.

A cette même époque, la principale richesse de notre côte consistait dans la production de ses vins. Montrichard et ses environs étaient réputés pour leurs vins clairets ; on n'avait pas encore introduit le gros-noir dans la culture.

Les archives de Chenonceau donnent d'intéressants détails sur la manière dont on entendait la culture de la vigne sur les bords du Cher au XVIe siècle. Les vignes de plan commun étaient affermées à 4 livres l'arpent, et en outre à la charge de faire chaque année un cent de provins par arpent. Les vignes de plan étranger étaient façonnées au prix de 8 à 10 livres l'arpent. On renouvelait les vignes par le provignage, à raison de 10 sous tournois par chaque cent de provins. On récoltait des vins blancs, des vins rouges, et surtout des vins clairets ; ces derniers pouvaient affecter plusieurs nuances : gris, paillet, œil-de-perdrix. Comme je l'ai dit, on estimait beaucoup ces couleurs bâtardes, et, pour les obtenir, le vin était soumis à un cuvage peu prolongé. Mais le vin que produisait le cépage d'Arbois était préféré aux autres.

En 1557, le vin valait environ 3 livres le poinsson ; la journée d'un tonnelier était payée 4 sols.

IV

COMMERCE

Le commerce n'avait pas grande importance, à Saint-Georges, au moyen âge.

Les foires d'un côté, et la navigation de l'autre, étaient les deux seules voies ouvertes au commerce.

Saint-Georges possédait deux foires. Je ne parlerai que de celle qui existe encore aujourd'hui ; elle devait déjà exister au xve siècle et avait lieu le 22 avril ; l'autre fixée au 1er novembre par une charte du seigneur de Bléré en date du 22 juillet 1612, ne dura que peu de temps.

Au xvie siècle, la foire du 22 avril avait une certaine importance. Il y eut même en 1519 une forte contestation entre le seigneur de Bléré, Pierre Bérart, et celui de Montrésor, Imbert de Bastarnay, au sujet de la perception des droits de la foire de Saint-Georges. Vers 1780 cette foire était encore assez florissante, et de nombreux commerçants en gros de Tours venaient faire leurs achats de draps grossiers et de droguets fabriqués à Montrésor et à Orbigny.

Les détaillants se plaçaient sur le chemin qui conduit du bourg à la Chêneraye et en occupaient presque toute la longueur, tant ils étaient nombreux. Il y avait beaucoup de bétail ; des chevaux de trait y arrivaient aussi. Le champ de foire était à l'est du bourg, sur le chemin des Roches. Il se faisait surtout un grand commerce de cire.

Déjà au xvᵉ siècle, la navigation sur le Cher était très importante. Le port de Saint-Georges se trouvait où est actuellement le village qui porte son nom, mais en aval du pont. Au xviiiᵉ siècle le nombre des mariniers atteignait trente-cinq à quarante.

La navigation commerciale était beaucoup entravée par les péages. Créés à l'origine par les Romains, ils avaient été très multipliés grâce à l'anarchie des temps féodaux.

Les impôts levés par les seigneurs frappaient toutes les marchandises transportées par le commerce, sauf le sucre seul qui se vendait encore à l'once chez les pharmaciens, sous Henri IV.

Les droits de péage se percevaient quelquefois en nature, mais plus souvent en argent, et toujours accompagnés de bizarreries et de formalités ridicules qui, sous peine de 60 sols d'amende, devaient être exécutées.

Les receveurs faisaient souvent payer plusieurs fois le même objet, alors il survenait des procès où le marchand avait toujours tort, car les receveurs s'entendaient avec les juges locaux toujours intéressés dans le débat.

Un tarif de péages établis sur le Cher fut affiché sur les poteaux en 1598, mais ne fut point respecté ; pas plus que les arrêts du conseil du roi, ordonnant au seigneur de faire nettoyer et baliser les passes, de veiller à ce que les haulseraies ou chemins de halage aient une largeur de dix-huit pieds, etc.

Il y avait le péage en long et le péage en travers, c'est-à-dire tant pour ceux qui naviguaient sur la rivière que pour ceux qui la traversaient.

Le tarif du péage en travers, pour les différents péages des environs de Saint-Georges, fut réglé, en 1738, par une ordonnance du bureau des finances de Tours, après une enquête préalable faite dans les paroisses voisines. Le péage du Port de Saint-Georges appartenait au seigneur des Roches.

Le règlement du péage en long fut adopté en 1737 [1].

---

1. Voir aux *Notes diverses :* Tarifs des péages.

V

INDUSTRIE

QUELQUES draps grossiers furent fabriqués à Saint-Georges, car on voit dans les anciens registres paroissiaux, plusieurs individus qualifiés du nom de cardeurs ou drapiers, au xvie siècle. Cette industrie avait probablement été apportée par des ouvriers venus de Tours où les drapiers avaient été établis par lettres patentes de Charles VII (1560). Depuis longtemps cette industrie a disparu ainsi que la fabrication de poteries qu'un nommé Lebert dirigeait encore en 1648. Cette fabrique était située au milieu de terrains renfermant des argiles propres à la confection des pots, et donna son nom au village qui se forma en cet endroit.

Vers la même époque on trouve des tisseurs, tissant le fil et le coton [1].

---

1. Nous voyons qu'en 1584, il fut baillé, solu et payé pour la faszon de vingt-neuf aulnes de toile, xvij sols vj deniers (17 sous 6 deniers); ce qui fait un peu plus de 7 deniers l'aulne.

VI

MONUMENT RELIGIEUX

L'église de Saint-Georges fut construite vers la fin du xe siècle ou le commencement du xie à en juger par son architecture qui appartient au style romain de la seconde période ou style romano-byzantin.

Les édifices religieux élevés en Touraine à cette époque sont d'ailleurs très nombreux. Une fausse interprétation de quelques phrases de l'Apocalypse (chap. xx) faisait fixer la fin du monde à l'an mil, cette croyance presque universelle redoubla la ferveur de la religion et ouvrit les mains les moins libérales. Les donations faites au clergé furent immenses; aussi ne doit-on pas s'étonner de voir tant de monastères et d'églises se construire au xe et au xie siècles.

Les comtes d'Anjou, Geoffroi Grise-Gonelle et son fils Foulque Nerra, qui construisirent plusieurs églises dans notre contrée, pourraient bien, dit M. Mahiet, avoir été pour quelque chose dans la construction de celle de Saint-Georges.

Il reste encore de la construction du xie siècle, le clocher, l'abside, le chœur de la chapelle de Saint-Vincent et la porte d'entrée du couchant.

Le clocher est une tour carrée percée de huit petites fenêtres à plein cintre. Il est supporté par quatre gros piliers aux chapiteaux presque nus, réunis entre eux par des arcades également à plein cintre qui forment quatre baies; celle du levant s'ouvrant sur le chœur, celle du couchant sur la nef, et celle du midi et du nord sur les chapelles de Saint-Vincent et de la Vierge. Le chœur est circulaire et éclairé par des fenêtres à plein cintre.

A l'extérieur, l'entablement de l'abside est formé par de petits modillons assez finement sculptés.

L'arcade de la porte principale est formée d'un gros torse et de dents de scie d'un travail médiocre.

La nef ne présente aucun intérêt archéologique ; elle est simplement voûtée en bardeaux.

Le châtelain de Bléré avait les honneurs seigneuriaux dans l'église de Saint-Georges.

Le titre curial était à la présentation alternative des abbés de Saint-Julien de Tours et de Marmoutiers.

Le doyen rural était à Montrichard.

Au XVIIe siècle, Christophe de Hidrecan seigneur de Cornillau fit reconstruire la nef et la chapelle dite plus tard « du Mesnil » quand les seigneurs de Cornillau l'eurent vendue à ce fief.

Le 8 avril 1691, le curé Anthoine Besnard fit sculpter le maître-autel qui existait encore il y a une vingtaine d'années. Ce travail enleva au chœur le cachet romano-byzantin qui en faisait le mérite : les fenêtres à plein cintre qui éclairaient toute l'abside furent murées, et on fut obligé d'ouvrir deux lucarnes qui disparurent dans la restauration faite en 1868, ainsi que l'ancien autel, qui fut remplacé par un autre en pierre sculptée de style romano-byzantin. En même temps les fenêtres à plein cintre furent réouvertes.

Au XVIIIe siècle, le curé Laurent Besnard fit faire à l'église certaines réparations ordonnées par l'archevêque de Tours, Mgr de Rastignac, dans sa tournée pastorale, à son passage à Saint-Georges (3 mai 1730).

Plus tard, le curé Desveux fit faire quelques travaux assez importants (1758).

En 1816, le curé Rivière fit badigeonner l'église, repeindre le maître-autel, lambrisser la nef et construire la sacristie qui est au midi du chœur. Il plaça aussi au milieu de la nef un affreux tableau peint sur papier et représentant saint Georges.

En 1843, le curé Marchand fit réparer l'église tout entière et un nouveau tableau peint et offert par M. Mahiet remplaça l'ancien. C'est alors qu'on éleva cet espèce de hangard devant la porte principale.

En frimaire an II de la République, l'église fut transformée en temple décadaire et rendue au temple catholique le 27 vendémiaire an III, suivant un arrêté de la municipalité.

A cette époque (1793), l'église possédait trois cloches, une grosse et deux petites [1]. Dans la séance de tridi de la deuxième décade de brumaire an II, conformément à la loi du 23 juillet 1793, les deux petites cloches furent descendues et envoyées, le 11 frimaire de la même année, au district de Carismont (Saint-Aignan). On ne conserva que la grosse cloche, nécessaire dans les cérémonies décadaires et pour la sonnerie de l'horloge [2].

Dans l'envoi fait au district de Saint-Aignan, du mobilier de l'église, le 13 brumaire an II, il n'y a de remarquable, au point de vue archéologique, qu'une petite statuette équestre de saint Georges, en argent massif, pesant 6 marcs, 2 onces, 4 gros (1 kilogramme, 558 grammes 5) Il y a à propos de cette petite statuette une légende assez

---

1. Elles faisaient, dit-on, en sonnant toutes trois ensemble, ce qu'on appelle en musique l'accord parfait.
2. Cette cloche fut d'abord refondue en 1722, le curé Besnard en fut parrain, et la marraine fut « noble dame Elisabeth Gaudin », femme de messire François de Boissy, écuyer, seigneur de Cornillau. Elle fut refondue en 1764 et baptisée Claude-Louise par le curé Macé ; elle eut pour parrain messire Claude Dupin, seigneur de Chenonceau et pour marraine, dame Magdeleine-Louise de Fontaine, son épouse.

curieuse ; elle fut rédigée par le curé Deniau en 1588. Je l'ai transcrite aux *Notes diverses.*

Le 17 juin 1733, fut inhumé dans l'église de Saint-Georges, le corps de messire Henri Dubois de Montmoreau, chanoine de Saint-Gatien de Tours, maire de cette ville (1695-98), clerc du présidial, mort à l'âge de quatre-vingts ans ; il fut seigneur des Coudrais jusqu'en 1717.

Le 9 février 1756, il y eut une crue du Cher si considérable qu'elle arriva dans l'église à la hauteur du maitre-autel. Le village de Bray fut, dit-on, complètement détruit.

Le presbytère était primitivement une construction informe longeant le chemin de l'Arche. En 1784, il fut rebâti tel qu'il existe aujourd'hui.

CURÉS DE SAINT-GEORGES

Les premiers registres de l'état civil de Saint-Georges datent de 1574; deux curés seulement nous sont connus avant cette époque : Thomas Lubin, en 1517, et Jehan Dar, en 1545. Louis Glateau fut curé du 3 février 1574, au 16 août, même année. François Maurel, du 20 août 1574 au 3 décembre 1575. — Lemétrier, du 12 décembre 1575 au 10 février 1579. — Lemol du 13 février 1579 au 25 août 1582. — Nicolas Pupe, du 8 septembre 1582 au 2 novembre 1587. — Jean Deniau, du 4 février 1588 au 16 juin 1621; l'abbé Bonté, vicaire, fait l'intérim. — Jousserat, du 20 juin 1622 au 27 octobre 1631. — Gibault, du 11 décembre 1631 au 3 juillet 1641. — Augard, du 15 août 1641 au 15 janvier 1680. — Anthoine Besnard, du 11 février 1680 au 12 avril 1724. Coëslier vicaire fait l'intérim. — Mathurin Besnard, du 8 juin au 15 février 1730. — Anthoine-Laurent Besnard, du 5 mai 1730 au 3 avril 1748. — Deveux, du 21 mai 1748 au 1er mars 1764. — Macé, du 16 mai

1764 au 28 mars 1791. — Marie-René Compagnon, prêtre constitutionnel, du 11 mai 1791 à nonidi de la première décade de frimaire an II, époque à laquelle il déposa ses lettres de prêtrise et se fit prédicateur de la morale universelle. — Martin Villery, prêtre constitutionnel, accepté prêtre catholique le 24 germinal an III. Il dit pendant quelque temps la messe dans la grange de Cornillau, la déesse Raison étant encore debout au temple décadaire. —Hue, du 11 nivôse an XII au 14 septembre 1809. Guigne, curé de Chissé desservit la paroisse. — Morisset, deux jours seulement. — de Saint-Didier, du 9 janvier au 14 novembre 1813. — Rivière, du 13 janvier 1814 au 14 janvier 1819. — Pierre-Abraham Marchand, du 16 février 1819 au 28 août 1864 (45 ans). Ferdinand Dacier fait l'intérim.

VII

MAIRES DE SAINT-GEORGES-SUR-CHER

Bélami, syndic national, 20 pluviôse, an II.
Bretonneau, Pierre, maire, du 30 août 1793 au 24 novembre 1811.
Adjoints : Jean-Julien Razouer, Nicolas Fameau.
Bouges, Pascal, maire du 1er janvier 1812 au 23 juillet 1815.
Adjoint : Nicolas Fameau.
Mahiet, François, maire, du 26 juillet 1815 au 23 novembre 1823.
Adjoint : Nicolas Fameau.
Mireau, Henri-Louis-Marie, maire du 28 décembre 1823 au 28 février 1835.
Adjoints : Lair, Ethienne ; Nicolas Fameau.
Lemaître, René, père, maire, du 20 juin 1835 au 21 juillet 1837.
Adjoint : Nicolas Fameau.
Fameau, Nicolas, maire, du 18 août 1837 à octobre 1846.
Adjoint : Jean Alleaume.
Lemaître-Hélie, maire d'octobre 1845 à septembre 1848.
Adjoint : Jean Alleaume.
Villateau, Pierre, maire, de septembre 1848 au 27 septembre 1863.
Adjoints : François Button, François Monpouet, Bouges-Deniau, qui remplit les fonctions de maire pendant neuf mois.

Neau-Button, Armand, maire, du 16 juin 1864 (actuellement en fonction, juillet 1884).

Adjoints : Bourdonneau-Monpouet, Auguste Naudeau, Leconte Benjamin, Bariller-Besnard, Piozet-Piozet et Brethon-Tamisier ; ces deux derniers actuellement (juillet 1884).

VIII

PIERRE-FIDÈLE BRETONNEAU

PIERRE-FIDÈLE Bretonneau, fils de Pierre Bretonneau et de Marie-Élisabeth Lecomte, est né à Saint-Georges-sur-Cher, le 3 avril 1778. Son père, qui portait le titre de maître en chirurgie, résidait à Saint-Georges. Il avait un oncle, Jean Bretonneau, qui était chirurgien du prince de Rohan, duc de Montbazon. Un de ses ancêtres, Pierre Bretonneau, était médecin ordinaire du roi, à Amboise, en 1653.

Le jeune Bretonneau se fit remarquer de bonne heure par la vivacité de son intelligence et ses heureuses dispositions pour l'étude. Il trouva dans madame Dupin, propriétaire du château de Chenonceau, et dans l'abbé Lecomte, son oncle maternel, curé de Chenonceau, deux amis, deux protecteurs qui facilitèrent ses débuts dans la carrière où il devait plus tard conquérir la situation scientifique la plus brillante.

L'abbé Lecomte lui donnait des leçons de latin en même temps qu'aux jeunes de Villeneuve, petits neveux de la châtelaine. Lorsqu'il eut atteint le degré d'éducation suffisant, madame Dupin l'envoya à Paris, suivre les cours de médecine et le logea dans sa maison de la rue de la Roquette, chez sa lectrice, Marie-Thérèse Adam. C'est là que le jeune Bretonneau, lié avec tous ses maîtres de l'école de Paris, Duméril, Cuvier, Chaptal, Corvisart, Bayle, Guersant, Savigny, Obeuf, l'oculiste Karr et Jean-Baptiste Cloquet, préludait à ces admirables travaux qui devaient faire de lui une des gloires de la science médicale et l'illustration de son pays natal.

Cependant par une cause encore inexpliquée, Bretonneau avait échoué dans ses examens du doctorat en médecine. Il quitta Paris et vint s'établir à Chenonceau avec le simple titre d'officier de santé. En 1800, il y avait épousé Marie-Thérèze Adam, âgée de vingt-cinq ans plus que lui, chez laquelle il avait trouvé à Paris des soins vraiment maternels pendant le cours de ses études médicales [1]. Content de sa position modeste, et n'aspirant point à en sortir, le jeune médecin se livra avec ardeur à son goût pour les sciences naturelles et surtout pour le jardinage. Doué d'une éminente faculté d'observation, d'une rare sagacité, d'une pénétration extraordinaire, et d'un esprit très philosophique, il ne tarda pas à acquérir en horticulture des connaissances très étendues et très variées. Un petit travail manuscrit : *Essai sur la greffe de l'herbe, des plantes et des arbres*, fut donné par l'auteur à son ami le comte Odart qui l'a déposé à la bibliothèque municipale de Tours (n° 692).

Bretonneau s'occupa en outre de physique, de chimie, de mécanique. Il installa à Chenonceau un petit laboratoire, un atelier de menuisier, de tourneur, une forge; il y joignit les outils de taillandier et d'émailleur. Assurément il n'avait reçu aucune leçon dans ces divers métiers, mais il était doué de telles aptitudes et avait une si grande adresse, qu'il réussissait comme un vieil ouvrier dans tout ce qu'il entreprenait. Il passa énormément de temps à établir une ingénieuse machine à perspective destinée à son ami J.-B. Cloquet, de Paris, qui avait été son maître de dessin. Il fabriquait des thermomètres, essayant de

---

[1] Marie-Thérèze Adam est morte à Chenonceau le 13 janvier 1836, âgée de 82 ans.

remplacer le mercure et l'alcool par d'autres substances très sensibles. Il s'occupait dans d'autres instants de la distillation du vin. Des ouvrages de menuiserie et d'ébénisterie, de charmants objets faits au tour ou à la lampe d'émailleur, des instruments de toute espèce en acier forgé sortaient chaque jour de ses mains. Un jour un habile sculpteur nommé Montpellier fut appelé à Chenonceau pour élever un monument à la mémoire de madame Dupin, Bretonneau se lia avec cet artiste, travailla avec lui, et en très peu de temps, il apprit à modeler, si bien qu'il put envoyer à un de ses amis de Paris, un petit modèle parfaitement réussi du tombeau de sa bienfaitrice, exécuté de ses propres mains.

Le comte de Villeneuve, propriétaire de Chenonceau, son ancien condisciple, avait pour Bretonneau la plus tendre affection. Il appréciait sa haute intelligence et gémissait de le voir ignoré au fond d'un obscur village ; mais il n'était qu'officier de santé. M. de Villeneuve, tous ses amis, Duméril, Guersant, la famille Cloquet, s'étant unis pour le déterminer à subir sa thèse de docteur, parvinrent à triompher de sa résistance, et le firent recevoir en quelque sorte *médecin malgré lui*.

Il reparut donc sur les bancs de la Faculté en 1815, où il soutint, dit son ancien élève, M. Velpeau, « une thèse qui étonna ses juges et qui fut une sorte d'événement dans l'école ».

Pourvu du diplôme de docteur, Bretonneau vint à Tours où il était appelé à remplir, avec le titre de médecin en chef, les fonctions de directeur de l'hospice général.

Son talent, ses hautes capacités ne tardèrent pas à briller du plus vif éclat. Appliquant à la médecine l'éminente faculté d'observation et la sagacité que nous lui avons vu déployer dans l'étude des sciences naturelles et des arts, il arriva à faire des découvertes qui ont im-

mortalisé son nom. Il parvint notamment à constater que « l'angine maligne, l'angine gangreneuse, l'ulcère
« syriaque, le chancre aquatique, le croup, l'angine couen-
« neuse, etc., qui avaient traversé les siècles comme au-
« tant d'affections distinctes, n'étaient au fond, qu'une
« seule et même maladie. De là, dit le docteur Vel-
« peau, une des plus belles conquêtes médicales des
« temps modernes, une de ces vérités qui changent le
« courant des idées d'une époque ; de là, enfin, le célèbre
« *Traité de la diphthérite*, ouvrage qui eut un retentisse-
« ment immense, et qui, avec l'*Histoire de la dothiénen-*
« *térie*, ébranla violemment la doctrine de Broussais, alors
« dans toute sa vogue. »

Voici une anecdote qui peint au vif le profond amour de Bretonneau pour son art et son ardeur à rechercher la vérité scientifique.

De 1816 à 1819, deux épidémies meurtrières se déclarèrent dans le département d'Indre-et-Loire, et bientôt l'hôpital se trouva complètement rempli de malades. C'était, d'une part, des fièvres graves, de l'autre, des maux de gorge. Dans cette circonstance, Bretonneau déploya une activité et un zèle prodigieux. Il ne quittait pas le chevet des personnes atteintes de ce fléau, observant toujours, étudiant le caractère de la maladie et passant ensuite à des travaux d'autopsie lorsque le malade succombait. Le résultat de ses observations donna lieu à une doctrine nouvelle qui étonna les médecins de la ville. Ceux-ci prétendaient, et à faux, que leur clientèle et les malades de l'hôpital étaient atteints de maladies distinctes. Bretonneau veut en avoir le cœur net ; il n'hésite pas. La science, l'intérêt de l'humanité exigent une prompte solution. Il se met en route à deux heures du matin, accompagné de son élève Velpeau et de deux ou trois personnes qui doivent les aider. Ils

arrivent au cimetière, munis d'échelles; les murs sont escaladés; on ouvre les fosses de diverses personnes récemment ensevelies et Bretonneau examine les cadavres. « Trente-six autopsies sont ainsi obtenues dans l'es-
« pace de quelques mois. A diverses reprises on se doute
« de nos profanations, raconte Velpeau; par deux fois
« même des habitants effrayés tirent sur nous ». Mais Bretonneau était content, radieux; il avait constaté que les lésions produites par la maladie, à l'hôpital et à la ville, avaient été identiquement les mêmes. Dès lors, la question scientifique était résolue et sa doctrine était certaine, inattaquable.

La réputation du docteur fut désormais solidement établie et il compta au nombre de nos gloires médicales. Indifférent à l'immense renommée qui venait de s'attacher à son nom, si bien, comme l'a dit le docteur Bouillaud, qu'on aurait pu lui écrire des contrées les plus éloignées : à *Pierre Bretonneau en Europe*, il ne rechercha point les honneurs auxquels il pouvait prétendre. L'Académie de médecine et l'Institut l'appelèrent spontanément au milieu de leurs assemblées, empressées à rendre hommage à une haute illustration. Chevalier, puis officier de la Légion d'honneur, il n'avait pas, non plus sollicité ces éminentes distinctions.

Vers 1839, il quitta l'hospice de Tours et l'Ecole de médecine. Il se retira dans son magnifique jardin de Palluau, commune de Saint-Cyr, et plus tard à Passy, où il mourut le 3 février 1862. Suivant ses dernières volontés, son corps, transporté à Saint-Cyr, fut inhumé le 7 mai dans le cimetière de cette commune. M. Bouillaud, président de l'Académie de médecine, MM. Velpeau et Trousseau, membres de la même compagnie, et M. Ernest Mame, maire de Tours prononcèrent des discours sur la tombe de l'illustre défunt, de l'homme étonnant qui a illustré l'École de médecine de Tours, et par ses travaux personnels si remarquables et par les élèves éminents qu'il a formés.

On a du docteur Bretonneau plusieurs ouvrages de médecine et de chirurgie et des lettres adressées à son ami J.-B. Cloquet, réunies à la Bibliothèque municipale de Tours sous le n° 1444. Elles ont été données à la ville de Tours par M. Jules Cloquet, membre de l'Institut, fils de J.-B. Cloquet.

IX

NOTES DIVERSES

MŒURS ET USAGES GAULOIS

Les maisons des premiers Gaulois furent d'abord des grottes naturelles ou des huttes rondes de branchages recouvertes de terre pétrie ou gazonnée, avec un trou au sommet pour le passage de la fumée.

Ils plaçaient volontiers leurs demeures au confluent de deux cours d'eau, près d'une source ou d'un ruisseau [1]. ou dans le voisinage des forêts. Chaque demeure était entourée de haies faites avec des arbres abattus ; plusieurs de ces enclos réunis par une pareille enceinte formaient un village ou une ville ; un certain nombre de villages formaient un clan.

Les druides [2], prêtres de la religion gauloise, étaient à la fois les interprètes des volontés du ciel et des secrets de la terre, et avaient, par suite, une puissance très grande. Bel, le dieu du soleil, Teutatès [3], l'ordonnateur du monde, et Briccia la déesse des eaux, étaient les principales divinités adorées dans nos contrées. Puis venaient des divinité secondaires, Hu-ar-Braz, le premier des druides, Koridwen, la fée blanche, etc.

Le premier mai, aussitôt la nuit venue, de grands feux s'allumaient sur le faîte des collines et sur les lieux élevés:

---

1. *Riau*, en gaëlique veut dire : ruisseau.
2. *Drouiz* ou *druidh*, en gaëlique.
3. En gaëlique, *tut-tat*, père des hommes.

c'était la fête du dieu Bel. Notre feu de la Saint-Jean est un reste de cette coutume gauloise.

La fête de Teutatès se célébrait dans les forêts, à la lueur des flambeaux, la première nuit de l'année nouvelle. C'était le sixième jour de la lune d'hiver, en février ou en mars ; les druides, habillés de blanc, allaient à la recherche du gui, plante sacrée, quand on parvenait à la trouver sur les branches dépouillées d'un chêne. Alors on immolait deux taureaux blancs, et l'on se réjouissait dans des fêtes et des festins homériques.

C'est dans ces réjouissances appelée *masturca* [1], que l'on prenait toutes sortes de déguisements d'animaux, et que l'on poussait ce fameux cri, *Enghin-an-eit* (le blé germe) ou *aguinané*, dont on a fait le mot *aguilânlé*. Cette fête correspond à la fois à notre jour de l'an et à nos jours gras. Notre bœuf villé ou viellé [2] est très certainement le même que celui qu'on immolait au dieu Bel.

« Le sixième jour de la lune de novembre, le père feu s'allumait sur la montagne de la guerre [3]. » La nuit qui précédait ce jour, tous les feux du clan étaient éteints. La terre, comme plongée dans les ténèbres et le silence, semblait morte. Tout-à-coup, sur la plus haute colline, un feu brillant resplendissait ; la flamme des foyers domestiques se rallumait après le foyer national, et le peuple éclatait en chants d'allégresse ; la vie avait repris possession du monde. C'était aussi cette même nuit, la fête de Samhan, le juge des morts.

DROITS SEIGNEURIAUX ET REDEVANCES FÉODALES

Les droits seigneuriaux et les prérogatives dont jouissaient les seigneurs étaient très nombreux ; je ne donne-

---

1. D'où masque et mascarade.
2. *Velec'h ou Belec'h* : de Bel, en gaëlique.
3. H. DE LA VILLEMARQUÉ, *Barzaz-Breiz*.

rai l'explication que de ceux dont il est parlé dans le cours de cet ouvrage.

Droit de haute, moyenne et basse justice. — La haute justice connaissait de toutes les contestations civiles et de toutes les affaires criminelles entre toutes sortes de personnes ; il n'y avait d'exception, dans les procès civils, que pour les dîmes, et dans les affaires criminelles, que pour les cas royaux, c'est-à-dire pour les crimes qui regardaient la justice du roi. Le seigneur châtelain pouvait tenir ses assises ordinaires quatre fois l'an, et ses plaids, de quinzaine en quinzaine. Les peines qu'il pouvait appliquer aux cas criminels étaient terribles. D'après l'aveu de Thomas Bohier, seigneur de Chenonceau, en 1523, et même celui de Claude Dupin en 1742, il ne s'agissait rien moins que de faire attacher au carcan, fouetter, bannir, couper les oreilles et autres membres, suivant l'exigence des cas, pendre et étrangler, rompre sur la roue, traîner, décoller, noyer et brûler, le tout par voie de justice et de raison. Voilà des prérogatives effrayantes, mais hâtons-nous de dire que presque tous les crimes étaient appelés devant la justice du roi.

La justice du châtelain se composait du juge châtelain qui tenait les plaids ; du bailli qui expédiait les assises ; du procureur fiscal qui remplissait le rôle dévolu chez nous au ministère public, et qui, en même temps, était dépositaire de tous les titres de la seigneurie enfermés dans la chambre du trésor ; du greffier et de six sergents pour l'exécution des arrêts.

Le juge du seigneur moyen justicier connaissait de toutes les matières civiles, et punissait, en matière criminelle, les délits dont la peine n'excédait pas 15 sous d'amende.

La basse justice n'avait qu'une compétence extrêmement bornée et ne pouvait prononcer des amendes que jusqu'à 7 sous et 6 deniers.

Droit de prééminence. — La prééminence donnait droit d'avoir un banc de distinction dans le chœur de l'église, du côté de l'évangile, avec les prières nominales, l'eau bénite et l'encens ; celui d'avoir *litre* et ceinture funèbre autour de l'église : c'était une bande noire que les seigneurs faisaient peindre et prolonger sur toutes les murailles de l'église où leurs aïeux étaient enterrés, et qu'ils entrecoupaient de leurs armoiries. Il y a une cinquantaine d'années, on voyait encore à Saint-Georges, la litre de Malon de Bercy, seigneur de Bléré, peinte tout autour du chœur. La prééminence comprenait encore les droits d'épave, confiscation, bâtardise et deshérence, qui produisaient quelquefois des profits considérables ; enfin le le droit de se mettre en possession des terres abandonnées.

Droit de tabellionage. — Le châtelain avait droit d'instituer six notaires ou tabellions, avec un sceau à contrats, des arpenteurs et des mesureurs jurés.

Droit de pêcherie. — Seuls, les seigneurs pouvaient pêcher ou faire pêcher dans la partie de la rivière comprise dans leur domaine ou dépendance féodale. Un manant qui osait y pêcher était condamné à une amende considérable et à la confiscation de ses engins.

Droit de garenne. — Le manant qui était pris à saisir un lapin dans la garenne du seigneur était fortement puni.

Droit de chasse. — Un des privilèges les plus chers à l'ancienne noblesse, c'était le droit de chasse. Le seigneur châtelain pouvait seul chasser dans toute l'étendue de ses propriétés, et poursuivre le gros et le menu gibier, biches, chevreuils, loups, renards, lièvres, faisans, perdrix, et menu oiselin. Les peines les plus graves étaient réservées au braconnier, elles allaient quelquefois jusqu'au supplice.

Les faisans étaient répandus dans toutes les forêts de Touraine dès le commencement du xve siècle.

Droit de foire et marché. — Il était interdit à tous les habitants toute espèce de vente sur le marché, avant que les denrées seigneuriales y soient exposées et vendues. Le châtelain percevait aussi les menues dîmes d'agneaux, porcs et autres *charnages*, lin, chanvre, pois, fèves, navets et autres *potages*.

Droit de boucherie. — Aucun boucher ou charcutier ne pouvait tuer ou vendre de la viande dans l'étendue de la châtellenie, sans avoir reçu une patente du seigneur.

Droit de ban de vin. — Le seigneur pouvait seul faire vendre son vin en détail, pendant quarante jours, au moment des plus grandes chaleurs, et lui seul pouvait donner la permission de crier ou de vendre du vin.

Droit de gourmet à vin. — Chaque habitant était obligé de donner au seigneur, tous les ans, la treizième partie de sa récolte de vin.

Droit de langueyage des porcs. — Le seigneur pouvait faire visiter les porcs pour savoir s'ils étaient ladres, et percevait 2 sols, 6 deniers, par porc.

Droit de ségreage. — C'était le tiers du prix provenant de la vente des bois ségréaux, c'est-à-dire des bois de haute futaie tenus à foi et hommage du roi ou du seigneur châtelain. Lorsque le vassal abattait ses grands bois, il était tenu d'appeler les officiers de la maîtrise des eaux et forêts, qui veillaient à la régularité de l'exploitation et en percevaient le tiers denier. Si le propriétaire cherchait à échapper à ce droit, et vendait ses bois à l'insu du roi ou du suzerain, celui-ci pouvait les faire revendre aux enchères, et s'adjuger le surplus de la vente outre le tiers denier.

Droit de péage. — Ce droit se levait sur les bestiaux, les marchandises, et en général tout ce qui naviguait sur la rivière ou la traversait, dans la partie du cours d'eau comprise dans le domaine du seigneur.

Le tarif du péage en travers, comprenant les articles suivants, était affiché sur deux poteaux au bord du Cher :

	Sols.	deniers.
Pour chaque personne à pied	»	6
Pour chaque cheval, mulet, âne chargé ou non bœuf ou vaches	»	6
Pour chaque porc, veau, chèvre, mouton ou brebis	»	2
Pour un troupeau, par cent têtes	15	»
Pour une charrette non chargée	5	»
Pour une charrette chargée	15	»

Un particulier passant seul doit payer comme quatre personnes.

Quant au tarif du péage en long, on peut prendre une idée par l'extrait suivant du règlement en cinquante-huit articles qui fut adopté en 1737 ; cet extrait nous permettra en même temps d'apprécier quelle était la nature du commerce qui se faisait sur le Cher à cette époque :

	sols.	deniers.
Par chaque muid de sel à la mesure de Nantes...	1	»
Par bateau, chaland ou sentine mère, chargé de sel, pour droit de salage	4	»
Par bateau chargé de sel, pour le peautre ou gouvernail	»	2
Par bateau chargé de hanaps ou vaisseaux de bois propres à boire	1	»
Par bateau chargé de merrain, cercles ou douelles	1	»
Par chaque grand bateau au bac neuf, la première fois qu'il trépasse, outre l'acquit des marchandises, doit pour droit de neuvage	1	»
Par bateau chargé de grenades, au lieu de deux grenades	2	»
Par bateau chargé de marne ou craie	»	2
Par bateau chargé de verres à boire, au lieu de deux verres	1	»
Par pipe de vin, crû d'Orléans et au-dessus	»	9
Par pipe de vin, crû depuis Orléans jusqu'à Saumur	»	6
Par pipe de vin, crû de Saumur et au-dessous...	»	9
Par fardeau cordé de drap de laine, pesant 600 livres	»	12
Par fardeau cordé de feutres, au lieu d'un feutre	20	»
Par fardeau cordé de tapis, pesant 600 livres	»	12
Par somme de fer ou d'acier, pesant 600 livres...	»	2
Par millier pesant de cuivre	»	12
Par somme d'huile dont les trois font le tonneau..	»	3
Par somme de miel pesant 300 livres	»	12
Par somme de figues pesant 300 livres	»	12
Par somme d'épicerie	»	12
Par caque ou millier de harengs	»	4
Par millier de seiches	»	8
Par douzaines d'aloses, au lieu d'une alose	5	»
Par cent de langues de bœuf salées	»	1
Par chacun saumon	»	1
Par chaque porc, truie ou chèvre mené au marché	»	1

Par bateau chargé de pommes ou poires sera seulement pris par chaque muid 4 deniers tournois avec havée, laquelle havée est tout ce que l'on peut prendre du dit fruict à deux mains.

Toutes les marchandises n'étaient pas ainsi frappées

d'un impôt; par une bizarrerie inexplicable, quelques-unes étaient exemptes de tout droit et étaient tenues seulement de *déprier*, c'est-à-dire qu'elles passaient en franchise moyennant une déclaration faite en forme de prière, accompagnée de cérémonies plus ou moins singulières. L'omission de la moindre de ces formalités ridicules entraînait une amende de 60 sols, comme la fraude du péage en argent. C'est ainsi que la moutarde en graine et le vinaigre ne devaient que *dépri*, mais à la condition de dire : *je déprie senevé, je déprie aigre-vin* ; car si le marchand prononçait par étourderie les mots de moutarde et de vinaigre, il était mis à l'amende. Un bateau chargé d'ardoises ne devait que *dépri* qui se faisait de la manière suivante : c'est asçavoir que celuy qui mesure led. bateau se doibt mettre à genoil au bord d'iceluy, teste nue, et crier par trois fois : *je mesne ardoise* ; et à chacun cri doibt jeter une ardoise en l'eau.

Droit de corvées. — Le seigneur avait droit, par an, à soixante-quatre jours de corvée sur les habitants, pour faner, vendanger, nettoyer les garennes et curer les biefs des moulins.

Droit de savatage. — Tout maitre cordonnier devait au seigneur châtelain, au commencement de l'année, une paire de souliers à semelle simple, et à la Saint-Michel, une paire à semelles doubles.

Droit d'éteuf et de buye. — Les nouveaux mariés qui avaient épousé des filles étaient tenus de donner au seigneur, le jour de la Pentecôte, un *éteuf* blanc et neuf ; et ceux qui avaient épousé des veuves devaient seulement une *buye* ou cruche de terre toute neuve.

Droit de quintaine. — Voici en quoi consistait ce droit : tous les bateliers, meuniers, pêcheurs et fermiers des pêcheries, domiciliés dans la terre de Saint-Georges, étaient tenus d'amener en personne leurs bateaux au moulin banal de la seigneurie, le jour de la Pentecôte, et là de planter dans la rivière un pieu avec l'écu des armes du seigneur. Ils devaient rompre chacun contre ce pieu trois bonnes perches de huit pieds de long, en se tenant debout à la tête d'un bateau mené à toutes rames dans le courant de la rivière : cette obligation n'était imposée qu'une seule fois ; mais ceux qui avaient déjà satisfait au devoir de la quintaine étaient tenus d'y assister avec leurs bateaux, pour repêcher ceux qui tombaient dans la rivière, cas très fréquent, et de fournir du vin aux officiers du seigneur.

Roussin de service. — Le roussin de service était un cheval de guerre qui était dû au suzerain, tantôt à *muance* (c'est-à-dire à tout changement) de seigneur, tantôt à *muance* d'homme ou de vassal, tantôt à *muance* de seigneur et d'homme. Lorsque le roussin de service n'était pas abonné, il était dû le cinquième du revenu du fief pendant une année.

Hommage. — L'hommage était le service le plus honorable, et la plus grande marque de respect qu'on devait à un seigneur pour une franche tenure. Lorsque le vassal faisait l'hommage, il devait ôter sa ceinture, avoir la tête découverte et se mettre à genoux devant son seigneur.

Après que celui-ci s'était assis et avait reçu les mains du vassal jointes et étendues dans les siennes, ce vassal devait lui dire : « Je me rends votre homme de ce jour et à l'avenir ; je vous consacre ma vie, mon corps, et je ne veux sur la terre acquérir d'honneurs qu'en vous étant fidèle pour les terres que je tiens de vous, sauf néanmoins la fidélité que je dois au roi. » Après quoi le suzerain se levait et embrassait le vassal.

L'hommage simple n'emportait pas le service personnel du vassal envers son suzerain, et permettait de se faire représenter, mais l'hommage lige entraînait le service personnel.

AVEUX ET DÉNOMBREMENTS

Extraict de l'adveu et dénombrement de Chenonceau, des Odes et autres membres qui en deppendent, faict au roy par Thomas Bohier, baron de Saint-Ciergue, seigneur de Chenonceau, le 18 may 1523 [1].

Jacques Bérard, seigneur de Bléré et de Chissé, tient de moy à foy et hommaige simple, son fief, terre et seigneurie de Gratteloup, appartenances et deppendances, contenant six vingtz arpens ou environ, et premièrement son boys tailliz de Gratteloup, contenant soixante arpens le tout estant en la paroisse de Sainct-Georges-sur-Cher.

Item...... Gallocheau tient de moy à foy et hommaige simple, et à ung roussin de service, à *muance* de seigneur et d'homme, apprécié à trente solz, à cause de mon fief et seigneurie d'Argy, membre deppendant dud. Chenonceau, le fief, terre, seigneurie et justice de la Grange-Rouge, assise et scituée en la paroisse de Sainct-George-sur-Cher, près Montrichart, avec ses appartenances.

« Adveu baillé au sieur d'Argy par Pierre Gaule, du
« lieu de la Grange-Rouge, tenu à foy et hommaige du
« fief d'Argy, du vingt-sixiesme jour d'octobre, l'an mil
« cinq cens quatre, signé : GAULE [2]. »

TABLEAU DES MONNAIES ET MESURES ANCIENNES EMPLOYÉES A SAINT-GEORGES ET A MONTRICHARD, AVEC LA VALEUR CORRESPONDANTE EN MESURES ET MONNAIES ACTUELLES.

MONNAIES

La livre tournois vaut 20 sous ou 240 deniers.
Le sous tournois vaut 12 deniers.

---

1. C. CHEVALIER, *Archives royales* de Chenonceau, pièces hist. p. 85.
2. Extraict de l'inventaire faict au chasteau de Chenonceau le VIII janvier MDC. IIII.

Monnaies d'or

Le double-louis qui valait 48 livres tournois.
Le louis, 24 livres.
Le demi-louis, 12 livres.

Monnaies d'argent

L'écu qui valait 6 livres tournois.
Le demi écu, 3 livres.
Le cinquième d'écu, ou pièce de 24 sous, 1 livre, 4 s.
Le dixième d'écu, ou pièce de 12 sous.
Le vingtième d'écu, ou pièce de six sous.

Monnaies de billon

La pièce de 2 sous qui valait 24 deniers.
La pièce de 6 liards qui valait 18 deniers.
Le sou, 12 deniers, et le liard 3 deniers.
— 100 livres tournois égalent 98 francs 76 centimes 54.

MESURES

Mesures de longueur

La toise valait 6 pieds ou 72 pouces ou 864 lignes, et est égale à 1 mètre 949 mm.
L'aulne égale 1 mètre 188 mm.

Mesures de surface

L'arpent de Saint-Georges vaut 12 boisselées ou 100 chaînées et égale 65 ares 96 centiares ; la chaînée vaut 65 centiares 96.

Mesures de capacité

Le muid contenait 12 setiers.
Le setier, 12 boisseaux ou 147 litres, 6.
La mine qui est la moitié du setier.
Le minot qui contenait 3 boisseaux.
Le boisseau qui égale 12 litres, 3.
Le poinsson qui vaut 253 litres
La pinte égale 1 litre, 194.

POIDS

Le millier qui valait 20 quintaux.
Le quintal, 200 livres.
La livre-poids, 2 marcs ou 16 onces.
Le marc, une demi-livre ou 8 onces.
L'once, 8 gros ; le gros, 72 grains.
La livre-poids égale 0 kilog, 489 grammes.

VALEUR DE DIVERSES DENRÉES AU XVIe SIÈCLE [1].

Nous trouvons pour les salaires des ouvriers que sous François Ier, Henri II, la journée d'un manœuvre et d'un maçon était payée 2 et 3 sous, celle d'un jardinier et d'un maître charpentier 4 sous. Sous Diane de Poitiers, à Chenonceau, la journée d'un maître maçon était payée 4 sols; celle d'un simple journalier 2 sous et 6 deniers, celle d'une femme, 20 deniers. Le cent de quartiers de pierre demi-dure, des Roches ou de Francueil valait 110 sous; la charretée de moellons, 6 deniers; la *tumbellerée* de sable, 4 deniers. Voici d'autres indications de prix.

	sols.	deniers.		sols.	deniers.
Blé, le setier	24	»	Suif brut, la livre	1	»
Mouture[2], id.	16	»	Un arrosoir	1	»
Un hareng	»	3	Ciseaux de jardin	15	»
Une poule	»	8	Poinsson	9	»
Le beurre, la livre	2	»	Pressoir, 28 livres.		
Le lard, la livre	2	»	Echalas, le millier	20	»
Noix, le boisseau	2	»	Chaux, le poinsson	20	»
Œufs, la douzaine	»	8	Tuiles, le millier	32	»
Un cheval	125	»	Lattes, le millier	40	»
Une jument	115	»	Carreaux, le cent	55	»
Un petit mouton	15	»	Fer ouvré, la livre	»	20
Chandelle, la livre	2	»	Etaing pour fondre, la livre	25	»
Cire, la livre	4	»	Une aulne de velours, 6 livres.		
Huile, la pinte	12	4			
Graine d'oignon, la livre	10	»	Une aulne de futaine	6	»
Drageons d'artichauts le cent	30	»	Un fer de cheval	»	10
Une hotte	5	»	Copie d'un acte notarié sur quart parchemin	5	»
Une pelle	12	6	Pour la journée d'un procureur de Tours.	5	10
Une serpe	3	4			

RÉPARATIONS A LA CHAPELLE DE LA CHAISE ET A L'ÉGLISE

Le 3 mai 1730, Mgr de Rastignac, archevêque de Tours, vint à Saint-Georges et ordonna de faire tant à l'église

---

1. Voir *Hist. de Chenonceau*, par C. Chevalier, chap. xiv.
2. C'était un mélange de seigle et d'orge dont se nourrissait la plus grande partie de la population.

qu'à la chapelle de la Chaise les réparations suivantes :

1° On fera faire un tabernacle au plan de celui qui y est, et on achètera quatre chandeliers pour mettre avec les deux qui y sont ; 2° on fera raccommoder incessamment les vitres du chœur et de la nef, et recarreler l'église partout où il en sera besoin ; 3° on ôtera une statue de Saint-Nicolas qui est dans la chapelle qui sert de sacristie [1] ; 4° on fera relier les livres du chant et restaurer les grilles du confessional [2] ; 5° on pourvoira immédiatement à la solidité et à la sûreté des murs de l'église, côté du nord ; 6° on fera dorer la patène en dedans ; 7° on changera une grande croix et un soleil en cuivre pour avoir une lampe ; 8° on fera immédiatement réparer la couverture de la chapelle de la Chaise et recarreler où il en est besoin ; 9° on échangera le calice de ladite chapelle pour en avoir un plus fort et on fera dorer la patène en dedans ; 10° on fera faire au moins une aube propre et on avertira les possesseurs dudit bénéfice de pourvoir incessamment aux réparations, faute de quoi, ladite chapelle sera interdite dans les trois mois ; 11° on obligera les anciens fabriciers à rendre leur compte dans deux mois, faute de le faire, ils y seront contraints par voie de justice.

LÉGENDE DE SAINT-GEORGES

Rédigée par le curé Deniau en 1588.

On nous assure qu'il y a vieux temps, la paroisse de Chisseau feut moult désolée par de grandes formidables bestes qui dévoroient femmes et petits enfans qui conduisoient paistre aux champs ou bois les vaches ou brebis,

---

1. Cette sacristie était dans la chapelle dite aujourd'hui de Saint-Vincent. Le curé Besnard ayant voulu enlever les figures de Saint-Nicolas et Sainte-Agathe qui étaient dans cette sacristie, les habitants s'y opposèrent et injurièrent le curé de sorte que le procureur du roi fut obligé d'intervenir.

2. Ce confessionnal servit de guérite pour les besoins de la garde nationale, l'an II de la République.

et nul ne trouvoit le courrage dans l'asme les occir, tant elles faisoient apprehension. Mais les paroissiens ayant ouï parler des miracles et renommée grande du bienheureux sainct Georges qui occit le Dragon, s'endvinrent trouver piteux et demander par grandes prières et grande désolation aux paroissiens de Sainct-Georges qu'ils ayent pittié de la peine qu'ils leur cognoissoient et les en tirer en leur confiant le petit sainct Georges d'argent qu'ils possédoient dans leur église, jurant de le remettre fidèlement ès mains si tost que les bestes monstrueuses seroient pourchassées ou occises.

Les paroissiens de Sainct-Georges eurent grand'pittié de la grande peine où estoient leurs frères en Dieu de Chisseau et baillèrent pour huict jours le petit saint Georges d'argent qu'on emmena bien sainctement et qui feut déposé sur l'autel de la dicte paroisse de Chisseau. Les bestes de s'enffuire ou de tomber sans poulx ni vie, si bel et bien qu'oneques n'en vist jamais plus une.

Le huictiesme jour passa et les habitants de Chisseau n'avoient point apporté le petit sainct Georges d'argent. Le neufviesme, il y eut moult rummeur à Sainct-Georges, et tous les habitans partirent par tous chemins, prinrent piques et hallebardes pour forcer par coups et blessures les paroissiens de Chisseau à restituer le sainct Patron ; ce que voyant, les habitants de Chisseau remirent le petit sainct Georges ayant peur juste et grande de la colère de Dieu.

PLAQUE GRAVÉE D'ADAM FUMÉE, A SAINT-QUENTIN.

Cette plaque en cuivre, haute de $0^m,91$ et large de $0^m 45$, se trouve dans l'église de Saint-Quentin, près Loches. Elle est tout entière gravée, et remarquable surtout par les personnages qui se détachent sur un fond étoilé à la partie supérieure. Au centre, le Christ en croix, entre la sainte Vierge et saint Jean debout. Puis sur les côtés, Adam Fumée et Thomine Ruzé, sa femme, à genoux.

Une longue inscription en vingt-quatre lignes, relate au-dessous quatre fondations d'anniversaires pour le repos de l'âme des deux personnages indiqués. Ces fondations sont faites par le fils et la bru des défunts, Adam Fumée II et Catherine Burdelotte.

Voici l'inscription :

Le iie iour daoust mil cinq cens noble homme maistre adam fumée conseiller & maistre des requestes ordinaire de lostel du Roy nre sire & seigneur des roches S. quentin et damoiselle Katherine burdelotte sa femme ont fondé en leglise de ceans quatre anniversaires par chun an cestassavoir la veille mons^r sainct loys serot celebrees vespres & ledict iour sainct loys vigiles & grad messe de mors. Le io^r nre dame de septembre appres vespres du io^r vespres de mors & le lendemain vigilles et grand messe. Le io^r & feste de nre dame de chandeleur appres les vespres du io^r vespres de mors et le lendemain vigilles & grand messe. Le ior & feste du sacre du corps nre seigneur appres les vespres du io^r vespres de mors & le lendemain vigilles & grand messe pour la fondacion desquelz anniversaires lesdictz nobles ont donne a leglise de ceas po^r chun anniversaire quize soubz tournois de rente payables ausd. iours que lesd. anniversaires auront este dictz lesquelx anniversaires ont fode lesdˢ fodateurs pͬ le salut des ames de feuz nobles messͬˢ adam fumée en so vivant chevalier conseillͬ & maistre des requestes ordinaire de lostel du Roy & ayāt la garde du seel de frāce et de dame thomyne ruzee sa fēme seigneur & dame dud. lieu des roches. S. queti. Lezquelx trepasseret a lyon. lan mil C. C. C. C IIII^{xx} et XIIII. Dieu p̄ sa grē veulle avoir leur ame.

Amen.

Afin de la préserver de l'humidité, {M. Palustre, de Tours, a placé cette plaque dans un cadre en chêne imité de ceux de l'époque de Louis XII.

ÉTYMOLOGIES DE QUELQUES NOMS DE LIEUX

Le Cher vient du celtique *carus* ; Bray, de *Bricca* ; Parçay, de *Parciacum*[1] qui au XIIIe siècle, s'écrivait *Parceïum*, par contraction. La Chaise vient du latin *casa*, habitation, chaumière ; Chezelle, de *casula*, petite maison ; le Châtellier, de *castellum*, lieu retranché, fortifié ; le Mesnil vient du latin barbare *manile*, habitation, auberge, corruption du mot *mansionile*, diminutif de *mansio*.

Beaucoup d'autres noms tirent leur origine d'un établissement : le Port, la Poterie ; du fondateur d'une habitation : les Rimbaudières ; de l'état du terrain, du relief du sol, de la situation : les Tailles, le clos de Midi, le Marchais, le Peu, qui vient du latin *podium*, colline.

Le mot être ou *estre*, signifie habitation ; l'Estre-au-roy, qui se trouvait près Parçay, etc.

---

1. La particule *acum* implique généralement une idée de fondation.

X

**ARMORIAL DES SEIGNEURS DES ANCIENS
FIEFS DE SAINT-GEORGES-SUR-CHER**

Fumée (1479-1515). — D'azur, à deux fasces d'or, accompagné de six besans de même, 3 en chef, 2 en cœur, 1 en pointe. — *Cimier* : une tête d'éléphant au naturel. — *Supports* : deux sauvages de carnation, tenant chacun une massue, l'une d'or, l'autre d'azur.

L.-G. de Thienne (1771-1789). — De gueules, au pal vairé d'argent. — Couronne de marquis. — *Supports* : 2 levrettes,

De Boissy (1663-1744). — D'or, à la fasce de trois pièces, de sable.

Desmaretz (1610). — De gueules, à sept fusées d'argent, 3, 3, 1.

De la Salle (1631). — D'azur, à trois lions d'or, 2 et 1.

Le Large d'Ervau (1744-1774). — D'azur à 2 fasces d'argent, chargées de trois annelets de gueules, 2 sur la première, 1 sur la seconde.

De Fontaine (madame Dupin-1774-1789). — D'or, à trois écussons de vair, bordés de gueules.

Bérard (1472-1520). — D'argent, à la fasce de gueules, chargée de trois trèfles d'or, accompagnée de trois sauterelles de sinople, 2, 1. — *Cimier* : une fille en buste, vêtue à l'antique tenant d'un bras une tour, et une palme de la main gauche. — *Supports* : deux aigles d'or.

Abbaye de Saint-Julien (prieuré de la Chaise). — D'azur, à une croix d'argent, cantonnée de quatre fleurs de lis d'or.

Bonnart (1466). — D'argent, à la fasce de gueules, accompagnée de cinq glands renversés, de sinople.

Gallocheau (1483-1523). — D'azur, à trois anneaux accolés, 2 et 1 ; les deux du chef soutenant un mât girouette, en pal, garni de sa voile, le tout d'argent.

Richard (1565-1696). — D'or, à deux lions affrontés, de sable, armés et lampassés de gueules.

A.-G. de Thienne (1765). — D'azur, au pal vivré d'argent.

Bohier (1517-1542). — D'or, au lion d'azur, au chef de gueules, chargé d'une rose d'or. — Devise : *S'il vient à point me souviendra*.

De Hodon. — De gueules, à trois fusées d'argent, rangées en fasce.

Diane de Poitiers (1547-1559. — Parti, au 1 d'azur, à huit croisettes d'or posées en orle autour d'un écusson d'or comblé d'azur et l'azur rempli d'argent, qui est de *Brezé*; au 2 écartelé, au 1 et 4 d'azur à six besans d'argent, 3, 2 et 1, au chef d'or, qui est de *Poitiers Saint-Vallier*; au 2, d'azur semé de fleurs de lis d'or, au quartier d'argent, à trois croissants mal ordonnés de gueules; au 3 d'argent aux emmanchés de sable, qui est de *Ruffo*.

Catherine de Médicis (1559-1589). — Ecartelé : au 1 et 4 d'or, à six tourteaux, 1, 2, 2 et 1, celui du chef d'azur à trois fleurs de lis d'or, les cinq autres de gueules, qui est de *Médicis*; contrécartelé : au 1 et 4 d'azur semé de fleurs de lis d'or à une tour d'argent, qui est de *la Tour*; au 2 et 3, d'or, au gonfanon de gueules, frangé de sinople qui est d'*Auvergne*; sur le tout, d'or, à trois tourteaux de gueules, qui est de *Boulogne*.

Louise de Lorraine-Vaudemont (1589-1601). — Coupé de 4 en chef et de 4 en pointe. En chef, le 1 fascé d'argent et de gueules de 8 pièces, qui est *Hongrie*; au 2, semé de France, au lambel de trois pendants de gueules, qui est *Anjou-Sicile*; au 3, d'argent, à la croix potencée d'or, cantonnée de quatre croisettes de même, qui est *Jérusalem*; au 4, d'or, à quatre pals de gueules, qui est *Aragon*; en pointe, au 5, semé de France, à la bordure de gueules, qui est *Anjou*; au 6, d'azur, au lion contourné d'or, couronné, armé et lampassé de gueules, qui est *Gueldres*; au 7, d'or, au lion de sable, armé et lampassé de gueules, qui est *Flandres*; au 8, d'azur, semé de croix recroisettées au pied fiché d'or, à deux barbeaux adossés de même, qui est *Bar*. Sur le tout, d'or, à la bande de gueules chargée de trois alérions d'argent, qui est *Lorraine*, au lambel de trois pendants d'azur sur le tout en chef.

Dubois de Montmoreau (1717). — Ecartelé, au 1 et 4 d'or, à trois palmes de sinople péries en bande; au 2 et 3 d'azur à trois fasces accolées d'or.

Tournier (1658). — D'argent, à trois mouchetures d'hermine, 2 et 1.

Marques (XIII° siècle). — De........., à l'aigle à deux têtes de...........

Collin (1621-1659). — D'or, à une fasce de gueules, accompagnée en chef d'un aigle à deux têtes de sable et en pointe d'un lion de gueules.

Marie Biart des Brosses (1717-1751). — D'argent, fretté de sable.

Hopital de Montrichard (métairie de Crotte). — D'Effiat (de gueules, au chevron ondé d'argent et d'azur de 6 pièces, accompagné de trois lionceaux d'or).

Dupin de Chenonceau (1774). — D'azur, à trois coquilles d'argent, 2 et 1.

Douault d'Illiers d'Aulnay (1697-1721). — De gueules, à trois besans d'argent [1]. — *Alias* : D'or, à six annelets de gueules, 3, 2, 1 [2].

Goury (XVII° siècle). — D'azur à trois fasces d'or.

De Courtin (XVIII° siècle).— D'azur, à trois croissants d'or, 2 et 1. — *Cimier*: un lion issant d'or. — *Supports* : Deux lions d'or.

---

1. D'après l'*Hist. de Chenonceau*.
2. D'après l'*Armorial de Touraine*.

Bourgault (1559-1576). — D'azur, à une souche d'or en fasce, écotée de trois pièces, 1 dessus, 2 dessous, et accompagnée de trois coquilles de même.

Chardon de Beauvais (1754-1789). — D'azur, à trois chardons fleuris d'or, tigés et feuillés de même, 2 en chef, 1 en pointe.

De la Forest (1678). — D'azur, à six croissants d'argent, 3, 2 et 1.

Déodeau (1626). — D'azur, au chevron d'argent, accompagné de deux coquilles en chef, et d'un croissant, de même en pointe.

Françoise de Boineau. — De gueules, au lion d'argent au chef d'azur chargé de trois étoiles d'or rangées.

Jean Aubin (1685). — De sinople, à une cigogne d'argent, tenant en son bec un serpent de sable ; au chef cousu d'azur, chargé de 3 étoiles d'or posées en fasce.

Dubour de Launay. — D'argent, à trois aigles mal ordonnés, de sable ; coupé, fascé d'azur et d'argent de 6 pièces. — Devise : *A lumine pulvis*.

NOTES HISTORIQUES CONTEMPORAINES

La Révolution française eut aussi un écho à Saint-Georges. En 1793, pour anéantir à jamais les vestiges de la féodalité la population se réunit devant la maison commune et brûla, avec les ustensiles aratoires de la cure, les titres seigneuriaux et les titres de redevances féodales des fiefs de Cornillau, les Roches, les Houdes, le Bois-de-Pont, le Mesnil et Marray. Le notaire Razouer avait déposé ces titres à la maison commune suivant les lois du 28 août 1792 et 17 juillet 1793.

Une société ayant pour but de répandre les idées républicaines est autorisée le 20 germinal an II.

Le 12 août 1830, le buste de Charles X et le drapeau blanc fleurdelisé furent brûlés dans la prairie par la population.

En l'an II de la République, on abattit un gros ormeau qui obstruait le chemin qui conduit du bourg au Cher.

En 1809, le cimetière qui était depuis plusieurs siècles devant l'église, au milieu des habitations, et dont les murs n'avaient pas été restaurés depuis le 16 août 1629, suivant un ordre du bailli de Bléré, qui ordonnait de les relever et recrépir, fut transporté où nous le voyons aujourd'hui. La place devant l'église fut nivelée, plantée d'ormeaux et entourée de barrières en bois, qui ont disparu depuis.

En 1842, on éleva en cet endroit la mairie.

En 1846, fut bâtie, à l'ouest de la place sur la route départementale de Bléré à Selles-sur-Cher, une maison d'école pour les garçons et les filles, affectée aujourd'hui aux garçons seulement. Une école de filles a été construite, en 1883, sur la même route mais dans la partie est du bourg.

INSTRUCTION PUBLIQUE

M. Taillandier, instituteur communal du 3 juin 1842 à 1857. — Bigot, du 4 décembre 1857 à 1869. — Revercé, du 8 septembre 1869 à 1878. — Venangeon, Arsène, du 14 septembre 1878 (actuellement en fonctions, juillet 1884).

Mlle Adèle Mercier, institutrice communale, du 4 novembre 1842 à 1845. — Aimée Lechevallier, de 1845 à 1856. — Mlle Thomas, du 20 décembre 1856 à 1861. — Mlle Trinquesse, du 13 avril 1861 à 1873. — Mlle Derichemont du 4 avril 1873 (actuellement en fonctions, juillet 1884).

TABLE DES MATIÈRES

	Pages
AVERTISSEMENT	4
Temps préhistoriques. — Période celtique. — Epoque gallo-romaine	7
Moyen âge. — Féodalité	14
Mouvance des différents fiefs de l'ancienne paroisse de Saint-Georges	15
Droits des seigneurs de Bléré et de Chenonceau	16
Redevances féodes. — Dîmes	16
Histoires des anciens fiefs que comprenait St-Georges: Saint-Georges-sur-Cher	18
Cornilleau	18
Les Roches	21
La Chaise	22
Le Mesnil	24
La Bidaudière	26
Vrigny	26
La Rabotière	28
La Noudrie	29
Les Coudrais	29
Gratteloup	32
La Grange-Rouge	35
Le Petit-Bois	36
Le Porteau	36
Parçay	37
Marray	37
Le Deffaix	38
La Chauverie	38
Les Rimbaudières	38
La Vallée-Pitrou	39

TABLE DES MATIÈRES

La Rochette 40
Agriculture 41
Commerce 44
Industrie 47
Monument religieux 48
Curés de Saint-Georges 51
Maires de Saint-Georges 53
Pierre-Fidèle Bretonneau 55
    NOTES DIVERSES 61
Mœurs et usages gaulois 61
Droits seigneuriaux et redevances féodales 62
Droit de justice 63
   — prééminance, tabellionnage, garenne et colombier 63
   — pêcherie, chasse, foire et marché, boucherie, ban
      de vin, gourmet à vin 64
   — Ségréage, péage 65
   — Corvée 67
   — Savatage, esteuf et buye, quintaine 67
   — Roussin de service 68
   — Hommage 68
Aveux et dénombrements de Gratteloup et de la Grange-
   Rouge 69
Tableau comparatif des mesures et monnaies, anciennes
   et nouvelles 69
Valeur de diverses denrées au xvie siècle 71
Ordonnance épiscopale concernant l'église et la chapelle
   de la Chaise 71
Légende de Saint-Georges 72
Plaque gravée d'Adam Fumée dans l'église de St-Quentin .. 73
Etymologies de quelques noms de lieux 75
Armorial des seigneurs des anciens fiefs de St-Georges .. 76
    NOTES HISTORIQUES CONTEMPORAINES 81
Instruction publique 81

2860. — Tours, imp. E. ARRAULT, et Cie.

TOURS. — IMPRIMERIE E. ARRAULT ET Cie

www.ingramcontent.com/pod-product-compliance
Lightning Source LLC
LaVergne TN
LVHW050608090426
835512LV00008B/1399